八卦走转

——行走中的修炼

第2版

蓝晟 著

当代中国出版社
Contemporary China Publishing House

图书在版编目(CIP)数据

八卦走转：行走中的修炼 / 蓝晟著．-- 2 版．
北京：当代中国出版社，2024. 6. -- ISBN 978-7-5154-1402-7

Ⅰ．G852.16

中国国家版本馆 CIP 数据核字第 2024YZ9813 号

出 版 人	王　茵
责任编辑	周显亮　刘晓冰
责任校对	贾云华　康　莹
印刷监制	刘艳平
封面设计	鲁　娟
出版发行	当代中国出版社
地　　址	北京市地安门西大街旌勇里 8 号
网　　址	http://www.ddzg.net
邮政编码	100009
编 辑 部	（010）66572180
市 场 部	（010）66572281　66572157
印　　刷	中国电影出版社印刷厂
开　　本	710 毫米 × 1000 毫米　1/16
印　　张	8.75 印张　1 插页　108 千字
版　　次	2024 年 6 月第 2 版
印　　次	2024 年 6 月第 1 次印刷
定　　价	49.00 元

谨以此书，纪念

铁恩方先生

◎ 本书作者与程式八卦掌第五代宗师、八卦走转编创人、当代京城八卦掌界最高寿者铁恩方先生在一起

序

这本早就应该完成的书，却因工作的变动、事业重心的调整、对八卦走转深入体认的持续等原因，迟至今日，终于杀青，算是了却本人10年前发的一个愿：普及八卦走转，造福更多的人。

从发愿到完成本书，伴随着整整10年的体认，八卦走转这一大道至简的身心修养智慧，在付诸文字时有了更丰富的内涵。这其中，要感谢众多八卦走转的习练者，正因为他们的习练参研，才使得本书的最终形成有了诸多助缘——有了人数众多的实践，才在可重复性上有了更多的参考。

因此，八卦走转是集体智慧的结晶。本人是这种智慧结晶的记录者。

谨以此书献给八卦掌历代前辈，以及八卦掌第五代门生、八卦走转编创人铁恩方先生。

蓝　晟

2013年9月20日

于智勇文化学院

目录

上编◯传

中编 ◯ 理

下编 ◯ 法

附录

上编 传

第一章　铁恩方：大道自无方

“只要是能有机会倾听阅世极深而精神不颓的老人大讲掌故，那就是有福了。”

1986 年，打动我的是著名散文家周涛的长篇散文《哈拉沙尔随笔》中的这句话。当时的我眉发混沌不清——在算命者眼中，这属于“笨人”或“不聪明者”之相——确实，当时的我不谙人情世故的炎凉冷暖，不懂中国传统文化的一草一叶。因此，当目光碰到这句话的时候，我就陷入了沉思。我想：什么时候能有机会倾听这样的老人的讲话呢？

十几年过去了，在陆陆续续拜访了几十个耄耋老人之后，终于有了这样的机会——从 2001 年开始，在离北京东单公园不远的一座宽敞明亮的四合院中，我与一些朋友经常听一位老人讲述儒、释、道、耶、回[①]等照耀人类精神世界的传统文化之精要。每听到心领神会处，我总是想起上面提到的周涛散文中的那句话。

---

① 儒指儒家，释指佛家，道指道家，耶指耶稣教，回指伊斯兰教。“耶、回”是旧说法，如钱穆在《略论中国宗教》中即用此语，此处借用。

八卦掌第五代门生

这个老人就是中国八卦掌第五代传人铁恩方铁老，他总是谦虚地自称是八卦掌“第五代门生”。

铁老当时89岁，但耳不聋眼不花，到医院检查，周身什么病都没有；他跷起二郎腿，我们之中的身强力壮者两手抱着上面的腿用尽力气也搬不动；解释八卦掌经典论述的伸缩、圆研时，别人按着他的肩、腰、腿等部位，他的身形不动，按着他的人却不知不觉给发了出去——隐藏在经典论述字里行间的秘密，被他用功夫诠释得淋漓尽致；给他一篇古诗文，他看几遍之后就可以结合自己的人生经验进行讲解，讲解的过程中，还能于不经意间把内容给背下来；谈起儒、释、道、耶、回等文化典籍来，他随手拈来，滔滔不绝、神采奕奕，一讲就是几个小时，甚至连水也不喝一口；对于社会人生，对于自己所经历的风风雨雨，他不矜不夸、不悔不怨，一切都以超然的态度对待。

从铁老这个人身上，我懂得了什么是真正的健康长寿——尽享天年的同时，身心没有任何疾病；我体认到什么是真正的智慧——洒扫应对的每一个瞬间，尽显传统文化的底蕴；我感受到什么是真正的功夫——神、意、气弥漫而内外融通的时机奥秘，尽显整体为本的内在修为。

听铁老讲和谐、自然、中和、大我，讲物来则显、物去则空等中国传统文化的精髓，我真的感觉自己很无知，好像这辈子没受过任何教育。这才是真正的文化——以中华传统文化的精华来度化无知。

我说：“铁老，您为什么不把您的一生总结总结，把您给我们讲的内容写出来呢？”铁老笑着说：“咱们这是述而不作呀！如果你想整理就整理吧！”铁老说这番话的时候，我正看着他书架上摆的井上靖的《孔子》、陈鼓应的《老子注译及评介》、朱棣的《金刚经集注》等书，心里刚有了自己为什么不把铁老的东西给整理出来的念头，结果铁老就把我正想的事情给说出来了。

由此岸到彼岸的修行

生命是长长的寻找自我的过程，这个自我会使人从此岸跨到彼岸去。

此岸和彼岸是打比喻，实质是讲人的思想境界，在此岸的时候，人还会有私心杂念、有贪欲；而到了彼岸时，人知道了自己为什么活着，心灵的世界已变得宁静了，举足动念都正确。

如何到达这种境界？铁老说，读中华经典。老子、孔子、孟子的著作以及所有的优秀传统文化都是直指人心，让人修真养性，让人修心。心怎么修才能正而不邪呢？多读传统文化的经典，经典会教导人，让人的所行所为合情合理，符合人的生命运动规律，符合社会的发展规律，这样，人的身心才能得到正确修养，才能度一切苦难，过上幸福快乐的生活。看这些经典，多长多短都没关系，如老子的《五千言》(《道德经》)、孔夫子的《论语》、佛学的《金刚经》，哪怕只记住几句话，哪怕只按照这几句话的要求去修养自己，就一定能使自己快乐起来，就会利己利他，爱己爱人，就会生灭不增减（指杂念）、不垢而净，这样自己就会先踏实起来。而跟人吵架，伤了他人的心也会伤自己的身体。所以不正确的言行，不要去做，这就是正心。总之，人的一生必须要修才能正而不邪，按照现代成功学的语言表述，就是人的一生是不断完善自己的过程。

从京师汇文学校毕业后，铁老到了财政专科学校学财政商业，这是青年会主办的一所学校。

工作之后，年轻的铁恩方为了自己的身心更健康、生活得更美好而不断跳槽。第一份工作，是在中央防疫处做记账员。第二份工作，是在协和医院社会服务部给一位英国小姐做秘书。当时，英国小姐告诉他转正之后协和医院管你一辈子，生老病死都给包了。但是，他又辞职不干了，到一个英国人开的洋行当华人经理（大体相当于现在外资企业的本土经理），同时兼任该洋行经办的商业广播电台台长。后来，他又与他人合资在青年会礼堂办电影院等。年轻的铁恩方意气风发，但他不贪多，经济独立了之后，他把更多的精力用在溜冰、打球、唱京戏、练八卦掌上了。当时，他的身体很好，多热的天也不感觉热，多冷的天也不感觉冷。

“身体一直这么健壮，为什么？还不就是每天锻炼嘛！我从来没放弃过锻炼，八卦掌的走转好像已经成为生活中的一个环节，每天非得转它不可，成了一个习惯。”

过了几年，年轻的铁恩方关了电影院到中央信托局工作。抗日战争期间，他加入当时中美合作的交通部民用航空局直辖空运队（陈纳德航空队），担任西北某地主任，并在银川走进了儒、释、道、耶、回五教合一的西北道院。在那里，他更深入地研究了八卦掌的走转及儒、释、道、耶、回的经典著述，同时进修了“静坐”。

当时的情形历历在目，养生的根本他就是在那个时候体会到的。比如，不要骄傲，不要生气，喜怒哀乐来了要恰到好处，等等。就这么练了 6 年。新中国成立之后，他被当地的教育部门聘为万慈学校的校长。做了 5 年校长之后，他又返回了北京。1956 年，他重新就业，在一所夜校当教员。此时，他依然每天走转，他对锻炼两个字有了更深入的体会。

所谓的“锻炼”，就是把生活中失去的平衡找回来。如何找是锻炼的方法，找的过程就是锻炼的过程。

划“右派”的时候，因铁老说了一句“当‘右派’挺好，可以改造思想”的话，于是他就被划为“右派”，下放到化工厂劳动改造。这一改造，亲友之间的来往就少了。也许是因祸得福，他把所有劳动之余的时间都用在练八卦掌的走转上了。当时，化工厂的工人干一年就上西山休息一个月，排排毒。铁老说："我是'右派'，不让我去。可是我始终没有染上任何毒，这得益于我练八卦掌的走转，以及把八卦掌与劳动相结合。正是这种归一的'锻炼'，身体也就'不养自养'了。"

自古以来，文化的发展就是为了谋求人的幸福，就是为了和疾病、苦难作斗争。有了这样的认识，退休以后的铁老更是把全部精力都用在了研究孔子的学说、老子的五千言、达摩的坐功，以及《金刚经》《易经》等方面了，有的片段他还摘出来背诵，从而"悟其理、明其义，修我身心"。

每个人都希望自己能健康长寿，每个人都希望自己能幸福美满，于是，昔有秦始皇派人出海求长生不老药以图长生，今有琳琅满目的保健品和养生方法迷人眼；但是，如果不从安身立命的高度来认识养生的根本意义，则会陷入舍本求末的尴尬境地，不仅于养生无益，反而离真正的健康越来越远。

如果能像铁老一样从经典中认识身心修养的根本要义，则什么方法都可以达到养生的目的。

大隐隐于市

大隐隐于市。铁老的四合院坐落于北京东四大街附近，毗邻王府井。居住于此多年的铁老，送往迎来的大都是修道人士和武林人士（铁老是北京南城程式八卦掌最年长的一位传人）。后来，当我们下决心跟随其研修研悟道统文化和八卦掌的时候，他掏心窝子一般，期望我们能全盘体认他"代圣人言"的大智慧渡彼岸之真谛，推了很多应酬，每周都跟我们谈玄论道。

铁老认为，中国传统文化，往往从人生的根本处入手，特别

◎ 铁老（前排左四）与八卦掌同门合影

强调修身养性。

“我 15 岁时，开始习练八卦掌，两年后入门，做程式第五代门生。长期以来，为了身心健康，参研儒、释、道、医、武、周易等诸家经典论述，谋与八卦掌法相融会而进行研修，从而使我身体强健，无任何疾病。养生重在保养元精、元气、元神。”

这是铁老少有的一篇形成文字的养生心得的开场白。

铁老认为，使人获得身强体健的效益，“正是我中华民族千百年来传统修身文化的具体体现”。

中国文化往往从人的根本处入手，直接阐述生命的要义，“诸家皆专于‘修真养性’，乃指性命之养端赖本真之修，本真耗散，百病俱生。本真乃人之元精、元气、元神，三者相为倚伏，循环相生。气亏则精竭，精竭则气亦不生而神与之俱衰。神怡而气自畅，气畅而精自足，精足而气与神日旺。修真之要，实为人生之生死关键”。

当然，具体的养生方法，铁老是从八卦掌的走转入手的。所以，铁老在文章中重点对八卦掌编创者董海川的四句留言作了解释——某些人把董海川的四句留言理解成八卦掌门人的传承谱系，而铁老则不这样认为。铁老的解释，直指八卦道统的根本要义。

“人皆关心生命。盖人之成长和存在是生，人之存在作用及价值是命。忆董老祖师四句留言，即达生命之旨。首句‘海福寿山永’，意心胸广阔似海，无所不可容纳；气魄如山，刚健沉着，坚定稳重，永不动摇。是所言‘生’。次句‘强毅定国基’，意忠贞效国，无私奉献。再句‘昌明光大陆’，意见义勇为，维护社会。所指是‘命’。末句‘道德建无极’，意悟道培德，修造化自然之果。”

据此，铁老认为中华道统“实为养生立命之本，福寿从之而得享”。

我觉得，铁老对于这四句留言的诠释，才真正接近董海川的原意。

从文章中我们可以看出铁老有很深的传统文化造诣。铁老说，这是在小时候念私塾打的底子。不过，铁老对西方文化也很了解，英文、日文、俄文都会说一些——私塾之后他上的是京师汇文学校，汇文学校由基督教创办，校长是牧师，教师是信徒，一个礼拜给讲一次《圣经》。当时他许多内容听不懂，但有一句话他记得特别清楚，那就是“有人打你左脸，把右脸也给他打”。

“有人说那怎么行呀，实际呀，你老是这样，兴许呀，连左脸也没人打了，是不是呀？”铁老如是说。

“在公园里锻炼，人家总是问我身体为什么这样强壮？我就学老前辈的样子，把自己的研修心得编成八卦走转供大家学练。”“我以前是独善其身，如今，你们这么多人来学，我就可以兼济天下了。”“在走转之中，总自然地觉得，我的身步越走越松舒，我的头脑越来越清静。久而久之，这样的健康状态就会贯穿于行住坐卧之中，从而心平气和，神不妄动，邪不能犯，病无从生。乐寿晚年之福，由之而享矣！”

游走在出世和入世之间

铁老一生从事过多种职业，涉世既深又浅，游走于出世和入世之间。

在银川的那些年（1945—1952）是铁老深入探研中华传统文化的关键期。他进入了世界红万字会宁夏分会所创办的万慈会（此会由《民国日报》总编辑张作舟担任会长），开始了自己的修行之路。该会“对外行慈，对内研道”。

铁老一生“意在先”的修持之经历从这里起步，并以极高的修为，一年年地屹立于风雨飘摇的尘世中，不屈不挠地展示着修行的力量和魅力。

铁老告诉我，他一共入道（万慈会）6 年，并成为副道长，送往迎来之间，逐渐地懂得修炼的真意是什么——修炼的是心之力、意之力、神之力。当年，万慈会推崇五教合一（采撷儒、道、释、耶、回五教之长，崇拜关羽、岳飞等英雄人物，不拜塑像，只设牌位）。据说，这个五教合一的创始人是老人（铁老讲，老人即“一个有智慧的人”——亦称“老祖”；有一种说法认为此是传说中道教神人陈抟“老祖”）。

这几个字一悟出来，铁老豁然贯通，懂得一切唯心造。为什么圣贤反复强调我们人要诚心、正意？这是让我们人发挥出人的本具功能，发挥出人的心之力。从心的深处寻找缘由——所有外在的生老病死苦，都是人心的显现。

从此，铁老好像换了一个人似的，变得更通达，更逍遥，更无分别心。他散财，帮助内修外慈的万慈会救助穷苦人，并积极参与万慈小学的建设。1951 年之后，更被推举为私立万慈学校（1952 年之后更名为利群小学。1958 年更名为银川市第四小学。“文化大革命”期间更名为东方红小学。1969 年恢复为银川市第四小学。2003 年依银川市划分区域更名为银川市兴庆区第四小学）的校长；还得到当时宁夏省长的好评，省长还给铁老题词鼓励。公私合营后，铁老返回北京继续从事教育工作。

改革开放之后，他参与了中国气功科学研究会的筹办工作，注册、登记、订章程，他都全程参与。成立后，他负责中国气功科学研究会的财务工作。后因气功界龙蛇混杂，仅仅过了半年，铁老就退出了中国气功科学研究会。

他还参与了中国足底反射区保健协会和北京市武协八卦掌研究会的筹备工作。协会、研究会成立后，他功成身退，不担任任何实际的职务，推荐他人做会长，自己只做顾问——有时间就顾一顾，问一问；没有时间，就不顾不问。

那么，铁老自己做什么？——他潜心探研八卦掌创始人董海川的遗训、师祖程廷华的《论八卦掌》、王宗岳的《太极拳论》等，并在公园和北京太极拳界的代表人物汪永泉的大弟子朱怀元的弟子、儿子，以及某民主党派的一位资深人士唐老等玩推手、教授弟子，生活十分充实。

每一天都是修行

练八卦掌的走转时，年轻时代的铁老，一转就 4 个小时，转得真阳之气发动，冬天都能把上衣脱掉，并往外冒热气（这是内气腾然的表现）。

铁老说，八卦掌（八卦走转）的总则（实质是健康长寿的根本原则）就是：

“形不破体，神不外露，气不涌出，意不着相。”

“出手没有手，脚下轻轻走；开合不用意，没有才能有。”

“大动不如小动，小动不如不动，不动之动才是真动。练拳、练功要难中求易，繁中求简，僵中求柔，紧中求松，顺乎自然而行乎当然。”

铁老重点研修八卦掌的三个式子：单、双、顺。

他的师父刘世魁说，其实一个单换掌练一辈子也就够了，不在于式子多少，关键是练得功夫上身。铁老认为，如果光琢磨式子，内心就不能宁静。为了帮助大家尽快掌握八卦走转的要领，铁老 85 岁时，于戊寅年（1998 年）季夏编写了《八卦掌健身研修心得》（亦称“八卦走转十六句歌诀”）：

身心修养走当先，四正四隅八步圈。

里直外扣舒膝胯，平起轻落中空涵。

◎ 铁老旧拳照之单换掌

凝视前方平落处，双臂环抱踏脐前。
左转右兮右转左，上下与中平三盘。
三盘旋转气为宗，周身环节须放松。
应将有相能无相，阴阳变化自然中。
中正安舒和定意，道悟德培妙峰登。
祛病延年微渺果，明心见性智慧融。

让亲近的人变得有福气

铁老对“我命由己不由天”这句道家的话尤其欣赏。他的一生经历确实也是由“我命由己不由天”构成的。

铁老的夫人身体非常虚弱，铁老让夫人放下手头一切家务，每天就做一件事——领着孩子到公园锻炼。年轻的铁恩方相信，通过锻炼可以改变身体弱的命运。果然，他夫人的身体逐渐健康了起来，并与他携手共度人生几十年，到了80多岁才无病而终。夫人临终的时候，握着铁老的手高兴地说：“此生无憾！”

是的，修养身心的根本目的就是让人生不留下遗憾。如果我们都能从传统文化中汲取营养，那么，就会成为一个有福之人了。

一个有福之人，会让亲近他的人也有福气。

到了2000年，陆陆续续已有100多人跟铁老学八卦掌的走转了。

有人练走转把原来的“坏性情”变成了“好性情”；更多的人练着练着自然就不感冒、不咳嗽，腰不酸、腿不软了。有受过风寒的，练这个走转，身心完全变样了，由练前夏天穿棉裤，变成冬天也不用穿棉裤了，后来这个人成为铁老的徒弟。许多人讲：“练这个走转舒服，心情愉快。”有一对恋人婚前体检的时候，发现男方有肺结核，不能结婚。这个检查结果如晴天霹雳般毫不留情地拆散了双方。男青年在奔走了数家医院之后找到了铁老，铁老让这个青年天天走转，几个月后，男青年的病好了，并顺利地与女朋友结了婚。

也有不练走转的，只是单单请铁老帮助化解心中的困惑和郁闷。对于这样的人，铁老往往“精钢化作绕指柔”，以自己的情感、学识、机智、人格魅力、智慧之心来解困惑、化郁闷。有一个 40 多岁的人感觉生活很无聊，准备抛下老婆孩子到五台山出家，结果铁老通过几十分钟的“话疗”——用说话治疗这个人的心病，终于使这个人认识到自己生而为人，对父母有尽孝的责任、对儿女有教育的责任、对爱人有关爱的责任、对社会发展有尽一份力的责任，于是，高高兴兴地打消了出家的念头，重新燃起热爱生活的火苗。

时不时地，会有一些武术爱好者向铁老请教，铁老每次都毫不犹豫地结合武术爱好者所练流派的特点进行指导。一个练陈式太极拳的老者要跟铁老学八卦掌，铁老说：“陈式太极拳也挺好，你还是继续练吧；不过，你练的时候不要难为自己，下式如果下不去就做高一些，手伸不远就近一些。总之，关键是练完了要舒服。”

有一个练八卦掌的小伙子给铁老耍了一套特别好看的八卦掌，铁老看完之后笑着说：“你这套八卦掌像行云流水一般，在一般的人看来，已经是很不错了；但是，你全部练错了。你先把套路放下来——休息休息——先不要练套路了，就练放松。放松才能真正有益于身心健康，才能神宁气顺，才能获得身心的效益。”

铁老 15 岁的时候拜刘世魁为师学练八卦掌。刘世魁是程式八卦掌第四代传人，引用铁老的话说“是第四代门生”。刘世魁是八卦掌第三代传人刘斌的儿子，刘斌从小就跟着北京武术界人人皆知的“眼镜程”程廷华学练八卦掌。刘斌 50 多岁时要选传人，他的那些徒弟谁都不干，都推荐刘世魁，刘斌却断然否定："不行，功夫不能家传。"可是大伙都说，这不是家传啊，是他的功夫最好。所以最后还是让刘世魁入门拜师，算第四代传人。程廷华的父亲与八卦掌创始人董海川是好朋友，所以程廷华10岁就开始学练八卦掌。他在八国联军进北京时遇难了，是用八卦掌打死打伤4个入侵者后牺牲的。

"1900年，我程师祖死在乱枪中了，时年59岁。"

铁老在介绍程廷华事迹的时候，言语中充满了敬意和惋惜。我知道，铁老惋惜的是，程廷华那么好的功夫，如果不是因为战乱，一定会得享天年的。

刹那间，我这几年研究太极拳和八卦掌早期历史所遇到的问题有了答案。在太极拳和八卦掌等中华民族传统文化的传承中，许多知名人士的寿命并不长，其原因就是战乱的年代，国家的不幸必然会降临到每一个人的身上——颠沛流离的生活中，不管你会多少健身方法也无济于事。当今时代，科学昌明，社会稳定，追求健康长寿的人们一定要好好珍惜这个时代才对——这才是真正的天人合一。

把握命运靠自己

"我是个做家政服务的，每天干家务、照顾别人很辛苦，回到家中还要做自己家中的家务，没时间养生。"一个和我们一起去向铁老求教的下岗女工如是说。

铁老回答道："什么最养生，做家务最养生。为什么呢？因为做家务时如果你能快快乐乐地去做，良好的情绪能使气血更好地流通；此外，如果能把精神和爱贯穿到做家务的动作中，其健身的效果不比体育锻炼的效果差。"

我们说，铁老您给讲一讲《心经》吧。铁老马上说，人的好

◎ 铁老旧拳照之垂手掌

坏都出于心，所以心有两个境界，也就是一正一邪。《心经》所说的波罗蜜多就是通过智慧到达彼岸——让心去掉邪恶，到良善的境界去。经是佛说的话，记录下来；念经就是通过念释迦牟尼说的话，让心明白什么是正确的思想。这就是《心经》。

一位练八卦掌的年轻人问铁老："铁老，什么叫八卦？八卦的精神实质是什么？"

八卦掌是铁老深研了70多年的老本行，所以铁老讲起来更是滔滔不绝。

"八卦要从阴阳变化中来——这动静、刚柔、进退；这眼睛一睁就是阳，一闭就是阴；这肺一吸就是阴，一呼就是阳——这些变化是为了达到一个卦。八八六十四卦共有六十四个结果。其实何止六十四卦，应该有千变万化的万卦呢，这只不过是用六十四来说明问题，所以古人说'道德建无极'，我这身体是无极体，太极是无极而生，无极是太极之母，太极是阴阳之母，阴阳是变化之母。我这眼、这鼻子、这耳朵、这五脏六腑、周身血脉、吃喝拉撒，身上任何一个小零件都是太极，各有各的功用。我这一动都是八卦，都是阴阳变化。我现在讲话，跟你说个事，这不是一卦吗？我这手拿起来看看书，这不是一卦吗？但是卦有它的规律，这个卦说明人的一生要知道天地之理、天地之道、天人合一。如何行天地之道？要揭示到人身上来，这叫卦。八卦掌也可以说是道，八卦掌之道，我们程师祖说：'此道修之于身心，可以独善其身而兼济天下，身之所行孝悌忠信，行动不离圣贤之道，心中不离仙佛之门。不知道这个，不足以言练八卦掌，不如此也不能得八卦道之真谛。'所以，练八卦掌就是修道啊！"

"我正在学练太极拳，所以，我想请教有关什么是真正太极拳的问题。"有人问。铁老很谦虚地说："我没有练过太极拳，但是我可以给你讲一讲王宗岳的《太极拳论》。以拳拳服膺之心去把握太极的运化规律才是太极拳，拳是把握的意思……”

“我为什么在工作中总感觉累？”一位职业女性困惑地问铁老。

“感觉到累就是你有欲望，或者你把工作当成了负担。其实，如果能开开心心地工作，就不会累了；当然，有时候工作中不可避免会有压力。这样，你下班的时候，就更应该抽出时间去锻炼、去舒展、去放松自己的身心。”

“铁老，您给谈谈如何优化每个人的生命。”

“父母生下我们是让我们有所作为的，这就叫命。命是什么，就是要完成我们一生的使命。天覆地载，生育万物，唯独人得天独厚，为万物之灵，这个灵就是人的思想。一切万物的生长存在都只是本能而已，唯独人能认识本能、利用本能、发展本能、超越本能。把本能变成人的正确思想，使人活得充实有意义——有益于自己和他人乃至社会谓之道德。人生之路一定要和道德连上。”

就像修道之人问道，就像学佛居士问心，就像练武术的壮士让老师磨砺躯体，我们去请教的时候，刚刚提出我们的问题，铁老立刻如胸怀韬略的隐士，根据每个人的具体情况，条分缕析地把我们最应该理解的内容说了出来。他的解答不是学院派的逻辑推理，不是看评论套来的，而是裹挟着传统文化的风采，一语中的，让我们醍醐灌顶、如沐春风。

对任何事情都保持新鲜感

2003 年 8 月，铁恩方铁老来到我家。

91 岁的铁老看着我的这个两室一厅的房子，很高兴，就像自己乔迁新居一般。他到各个房间走了走，然后坐下来与我们聊天，聊什么是“站如松，行如风，卧如弓”。铁老说，行如风，就是放松的状态要像树叶在风中一样，没有一处用力。这个说法与武术教科书上以及民间口耳相传的都不一样。是的，铁老对传统文化的认识，点点滴滴中既有老辈人的代代相传的生命信息和自己智能融通的灵魂感悟，又如春风拂面一样了无痕迹。

这一聊就是 5 个小时。聊到后来，我心不安了，心想，您可 90 多岁了，别累着您，就催铁老赶快回去。

坐上朋友的车的时候，天下起了瓢泼大雨。铁老看着车窗外迷迷蒙蒙的大雨，不着急、不着慌，甚至像少年一样，左看看、右看看，满眼都是新鲜。

对任何事情都保持新鲜感，这样的人会老吗？

有一天我想听听铁老以前讲解王宗岳的《太极拳论》的录音，就打电话给铁老，借他讲《太极拳论》的磁带。铁老说："我现在对《太极拳论》又有了新的体会，你过来，我给你重新讲讲。"

于是，我和几个朋友相约来到了铁老家。在铁老居住的四合院里，我们各自找好座位后，铁老才坐到自己的椅子上，随之，他边背诵王宗岳的《太极拳论》的原文，边一句句深入浅出地讲解其中的要义。

中国传统文化博大精深，其重要的特点就是理法不二，理法一如。如果光懂理，并不代表着你真正理解和掌握了这个理，还必须从内在的功夫上去悟觉。因此，讲完《太极拳论》后，铁老就亲自展示了其中"仰之则弥高，俯之则弥深""一羽不能加，蝇虫不能落""四两拨千斤"等内涵的实质。几个习武多年的中年人看得目瞪口呆，始知"耄耋能御众"之言不虚。

上海来的庄先生学过多家太极拳，但这次他所体验到的却是真正的《太极拳论》上的功夫。从铁老家归来后的几天，他还沉浸在怎么就被 90 多岁的老人给打得蹦跳起来的情境里。

铁老是程式八卦掌的传人，但他为什么能把《太极拳论》分析得这样透彻呢？

◎ 铁老与学国学和八卦走转的孩子们在一起

铁老说，天下武功是一家，我们不能做井底之蛙。

对于太极拳和八卦掌的传承历史，铁老的观点很独特。比如，历史上公认的杨式太极拳创始人杨禄禅和八卦掌创始人董海川之间曾进行过一次比武，公认的说法是比了三天三夜后，不分胜败，从此成就了练太极的可学八卦、练八卦的可参研太极的佳话。铁老说，他们不是武夫，而是真正懂得传统文化的大家，他们难道会像街头的小混混一样去打？如果这样，他们还叫有功夫？其实，他们一见面，一施礼，对方的功夫怎么样就已经感觉到了，已经一清二楚了。他们是敞开心扉，凝神定气地畅谈了三天三夜。

这才是高手之间的惺惺相惜，以武会友，以道求心。

功夫是走出来的

铁老的功夫是从八卦掌中来的。

铁老一生练出了一些很神奇的功夫，但从不去比武。有一次，他在无意中拍了拍一位武林同道的肩膀表示亲热，结果这个人回去肩膀肿了十多天。十多天后，铁老从另一位一起练功夫的武友口中才知道无意中伤人的事情，很是不安，就用功夫把这个人的伤给治好了。从此，铁老时刻注意自己，不要随便和别人动手。他告诫我们，练武第一件事情是学会刹手——刹住手，敛住气，灵敏心在，不要去比高低。

有一次，80多岁的铁老骑着自行车到东单公园练功夫，路上，一个小伙子带着一个孩子骑自行车直撞过来，铁老一闪身，自行车摔倒，而铁老站到了地上，骑自行车的小伙子也跌倒了。小伙子起来后蛮横不讲理，对铁老动粗。拳头打过来，铁老当时什么也没想，一个手臂架住小伙子的手臂，另一手自然地要摁到小伙子的肋部（这应是八卦掌的“叶底藏花”一招），结果心里一动，马上刹住手，微笑着对小伙子说："小伙子，看看你的孩子摔没摔坏，自行车摔没摔坏。"小伙子这才去扶跌倒的孩子，看看有没有什么大碍。这时围观的人都批评这个小伙子，小伙子惭然离开，铁老则扶着摔坏的自行车，找个修自行车的铺子放下修理，然后步行到东单公园继续练自己的功夫。

2010年夏天，师兄阿潘去看望铁老，坐在椅子上的铁老依然能用神意的力量，把阿潘打得弹跳起来。此为"凌空劲"。这是一种内功训练的方式，不是比武，而是体会内在无形无相之神意气和形体是否形成整体的"游艺"，对于我们认识有无相生规律、打破思维参照系有莫大的启迪作用。阿潘说："铁老，您真是佛啊，您的神意还像原来那样灵敏。"说完，阿潘就给铁老跪下磕了三个头。

一位香港女士跟随师兄学练八卦走转，通过我的介绍专程去拜访铁老。当天晚上，她见到我，跟我说的第一句话就是："蓝老师，您知道我今天见到谁了？"未等我回答，她兴奋地跟我说："我今天见到佛了——人一生中能有几次机缘见到佛呢？我见到了。我感觉特幸福。"

佛不是离我们很远的虚无缥缈的教主，而是我们之中不迷失自我的人，是内求本具、了彻生死的人。铁老，无疑就是一个这样的人。

这样的人，大隐隐于市，不求闻达于世间，而是皈依在"灵山"这个家中，不忙乱，不后悔，不预想。

这样的人，才是真正五福临门的人。

确实，年龄越来越大的铁老，经历一生之风风雨雨，不动于心，不着于相，无有颠倒梦想，不分别任何事情。任何人来了，言谈举止之间均是修道，均是传统文化之精要，唯恐来访者不理解、不了解中华文化的精髓。

因此，很多人来拜访铁老，不仅仅是看他，而是来感受前辈的智慧和道统（一脉相传的大道传统）的魅力。

铁老，他是一个意发即空、物来则现的人，是我们这个时代稀缺的、能让心灵获得安定的春风化雨之人。

大道至简，久转功成

我后来把主要精力放在传播文武双修的智勇文化上，主张练功夫和读研悟国学经典不能偏废。这主要得益于铁老系统传授八卦走转和《心经》《论语》《太极拳论》《医道还元》《太乙北极真经》等的启迪。

我应邀到首都图书馆讲经典诵读，头一天晚上，去向铁老请教。铁老对我说，对于国学经典，孩子要背诵下来最重要的几部；而成人并不一定背诵很多，国学经典中，有一两句让内心有所触动、有所领悟后就马上践行才成。关键是要内化到身心性命之中。

铁老 90 岁的时候，深有感触地对我说："我现在觉得，姿势越简单越容易出功夫，也越有益于祛病延年、开发智慧。现在看来，只一个八卦走转就够了，就能把功夫练上身。甚至连单、双、顺都不需要。"

因此，他对每个来请教功夫的人只提一个要求："回去好好走转，久转功自成。"

八卦走转，真的很简单，以致许多人刚学的时候很轻视它。

我父亲罹患心肌梗死住院两次，心跳每分钟 46 下，就诊的医院动员他做搭桥手术，我让他千万不要答应，并请他到北京。到北京后，我开出的治疗方案是练八卦走转。父亲不相信八卦走转可以治病——自己从小就走路，却得了这么重的病。我就请他拜访铁老。当时 90 多岁的铁老，身心健康，行动自如，妙语横生，精神安详，父亲亲眼见到一个练了近 80 年八卦掌的老前辈的风采后，开始相信八卦走转能治愈自己的疾病，因此坚持练习。开始阶段，每天练八卦走转 5 个小时（当时走 5 分钟，就要休息 10—15 分钟）。一两年之后，父亲心肌梗死的所有症状全部消除，而且身体特别健康，很少感冒；头发大都变黑了；眼睛也变得像婴儿的眼睛一般，由浑浊变为清澈（母亲说，像两个探照灯一样，很亮）；走路由缓慢变为快捷，由无精打采变得精力充沛。一次，外地亲戚来京，父亲陪着逛了 3 个公园，回来后亲戚累得躺在床上，而父亲张罗做饭，忙得不亦乐乎，一点也不累。从中可以看出，八卦走转对于人体的改变是多么的巨大。特别神奇的是，当时父亲住在北京南城珠江骏景社区中，同社区的一个浙江人患了很严重的糖尿病，眼睛和手脚均有糖尿病并发症，他跟父亲学练八卦走转仅仅 7 个月，所有的指标就都转为正常。父亲现在每天练八卦走转两个小时，疾病已经好了 10 年多了。

正是有了父亲身上的实际效果，我才大力推广八卦走转，结果，真帮助很多人获得了健康。

山东的李秀英老师一开始没有把走转放在心上，一直把它当成一种散步方式，只在有空时才走几分钟，没空就不走了。后来，有机缘听铁老作了一番讲解后就特别重视它，结果 3 天后高血压就降了下来。

一位曾经的专业武术运动员看到八卦走转时说："这是什么呀，一点运动量也没有，能不能让我学些流汗的动作？"但是，练了两个月之后，她的便秘问题就不知不觉地解决了。她一高兴，就每天走转 4 个小时，结果变化更大了，连以前练套路时留下的胸闷后遗症都好了，甚至走着走着就感觉自己空了，和空气的空融为一体，和大自然的气息融为一体。至此，她才对八卦走转的丰富内涵有了感性的认知。

我在北京开办混元文化馆（现在是智勇文化学院国学太极馆）时，有 11 位退休人士跟我学练八卦走转和国学，3 年之后，大多数人的疾病都痊愈了，收获"超过想象"（学练八卦走转后这些退休人士的总结语)。

道统有规矩

铁老，一个通达儒、道、佛、耶、回智慧的大德，已抵达“从心所欲而不逾矩”的境界了。当年，我们准备拜师的时候，他说：我年龄大了，你们年轻(当时我们三四十岁)，收你们不合适，我以前徒弟的徒弟很多人年龄都比你们大，他们将来如何称呼你们？你们拜我大徒弟为师吧。他拒绝了我们，但是，给予我们的却是真正的道统规矩。

无规矩无以成方圆。铁老是真正做到外圆内方的人，有坚持，有圆融。我们当下的某些专家学者或某些研修国学的人，认为拯救世道人心的唯有中华文化，因此对西方文化往往嗤之以鼻。然而铁老则拿得起、放得下。

他的一个孙子辈的人是基督徒，回来让他受洗礼，他欣然从之。我问铁老为什么，铁老说，为什么要拒绝呢？其一，别让后辈们为难；其二，基督耶稣也是圣贤——洗礼的意义不在于教义，而是清洗杂念和不正确的思维，这和东方圣贤的教诲是一致的。

铁老给予我们的是儒、道、佛、中医、武学中的真知灼见，不偏于某一派、某一门、某一法。他是八卦掌第五代门生，我们去他家，他讲经说法的第一课，是详解王宗岳的《太极拳论》。我们很纳闷。他说，太极八卦本一家，太极之外无八卦，八卦之外无太极。

铁老是武林高手，却不赞同散打、比武。他说，研修武学，乃为了修养身心。他说这是他师父刘世魁在他 17 岁拜师的时候说的。他用功夫和言语“话疗”解开很多人的心结，却从不宣扬。他 1957 年被打成“右派”，却不以为苦，也不去害别人，而是从内心里认为难得有这样的机会来改造自己的思想。他到北京化

◎ 铁老传授本书作者功夫

工三厂以后，被发配到八达岭种树，他趁机欣赏了当时美妙的风景，并抓紧时间偷着练八卦掌。他看到某些同事被疾病所折磨，知道只要练八卦病就能治好，但怕同事受牵连，就偷偷传授他们八卦掌的走圈（即后来的八卦走转）。他的一个同事以前罹患类风湿关节炎，练走圈后30多年，再也未受这个疾病的折磨。

当年各类气功大师你方唱罢我登场的时候，他从不去争什么气功大师的名头，而是以自我修行为本，悄然度化有缘人为乐。

八卦走转姿势动作很简单，但简单并不代表着低级，而是姿势简捷，一学就会，一练就舒适，越练越有效果，越练越觉得内涵丰富、韵味无穷。

为此，铁老用一生的时光来参研它。我看过铁老60岁至75岁之间演练单、双、顺这三个掌势的照片，可谓神意气形，灵觉无碍，混元一体，上下一如。然而，铁老却用了更多的精力从道的层次上来研究八卦掌。姿势是人编的，而功夫却是觉悟出来的。

董海川“十数勇士围攻，手到皆疲”的功夫值得研究，而他“性情退让，不欲见异于人”的修为更值得学习。第二代“眼镜程”程廷华所传的本来就是一个转掌，为什么到后来八卦掌的套路越来越繁杂了呢？程师所说的“伸缩、旋转、圆研之理”怎样才能更好地让年轻一代接受和理解呢？于是，他在85岁时把自己的悟觉编成了几个口诀。口诀古人称之为内功谱文，在“法不传六耳”的时代中，往往被渲染得很神秘；但是在铁老这里，只是简简单单地用“体会”“养生”等词汇来命名它们。

铁老已度过了孔子所说的“从心所欲，不逾矩”之年，进入了王宗岳所指“耄耋能御众”的境界；已度过了冯友兰先生所说的“何止于米”，开始了“相期以茶”；并在陶渊明所言“纵浪大化中，不喜亦不惧，应尽便须尽，无复独多虑”的状态中生活很久了。

作为一个颐养天年的老人，他每天或接待来访者，或打打电话，或阅读中华经典，或安安静静地在院子里走走，或坐看花开

◎ 铁老 95 岁时留影

花落、云卷云舒。

有的时候，铁老独自坐在椅子上，不知不觉间就与天地融为一体。也许，转瞬间就是几个小时过去了；也许，曾濡养过自己身心的某个经典中的句子会飘溢出来，这时候那种温馨的气息和美妙的境界就会再一次弥漫周身。

他没有烦恼，没有忧愁，只有生命的宁静与祥和。

他活得潇洒、愉悦、自在、无拘无束、虚灵明镜。

祛病延年只是八卦走转所产生的“微渺果”。走转的过程，是让自己知道为什么活着以及活着的价值是什么的过程。

冬 藏

2008 年，我远赴香港工作。临行前，我去向铁老告别，他赠我以《化劫经》，握着我的手说：“不要管我，尽管去传播中华文化吧。我老了，说不定哪一天就会离开你们，你们也不要悲伤，生老病死，乃人之所必然。我无从来无从去，我来去自由。”

当时，我鼻子一酸，感知到这是铁老在交代后事。后来，我委托学中医的朋友照看铁老，反馈的信息是，铁老五脏六腑没有病，只是老了，气衰了。

这个时候，铁老无私无语，无相无思，每天直腿坐着，坐看云起云落，花开花谢，淡然。

我想，我离开北京，越来越老的铁老一定会忘记我的。却不知，内心深处，铁老始终惦记着我们一两个不成器也不在身边的学生，一有人去探望他，他就问我的讯息。我很惭愧，在香港忙于生计，未曾再专门回去看望他老人家。

2011 年，农历立冬这天，在家中，跟儿子交代了几句话后，铁老侧卧着进入了冬眠，告别了我们。

我赶回去，看他最后一眼，却觉得更多的责任是宣传和传播铁老的智慧，让更多人受益，这是对铁老最好的纪念。

铁老，研修研悟圣贤之道并已抵达圣贤境界的人，就这样走了，就这样走了。然而，他念念于斯的中华文化复兴的愿望，不知可有期?

铁老，一生修炼八卦掌，是当代北京八卦掌界迄今为止寿命最长的传承人，他离开后，八卦掌的道统真谛，不知还有多少人能领悟，能修之于身。

大音希声。大相虚无。大道至简。大我践行。

人活着的价值

铁老说，人活着的价值其实就四个字：身心性命。

身指人的躯体。人的躯体不能被疾病折磨，所以通过锻炼使自己的骨骼健壮，气血流畅，血液循环正常，神经灵敏度提高。

心指人的精神状态，要经常涵养它。如何涵养呢？抓住“恬淡虚无”这个关键就可以了。恬者，内无思谋；淡者，不受外界干扰；虚无，就是把自己的一切都归还自然。能做到还虚，则“真气从之，精神内守，病安从来”。

性指本质，是一个人的质量、人格，生命的质量。能做到这一点，就达到了性。

命就是人一生的使命。使命是人所想象的为什么活着的终极目标。那么，铁老一生的使命完成得如何呢?

程廷华说：“将此道得之于身心，可以独善其身，亦可以兼善天下，身之所行，是孝悌忠信。”

按这个标准来看，铁老已很好地完成了自己的人生使命。

“觉来普度恩予何有向，悟到圆明大道自无方。”

或许，几十年前这副融进自己名字的楹联，就是铁老一生最真实的写照。

八卦走转

中编 理

第二章　八卦走转概说

一位学者说过："获得健康的一个最简捷的途径就是走路。"自古以来，我国的养生家们就把"走"作为延年益寿的重要途径，在《内经》等医学专著中也有"广步于庭""脚为精气之根"的记载；在民间，有"人老先老腿""每天遛个早，保健又防老"等谚语提醒人们要多行走；在武术界，更有关于"八步赶蝉""踏雪无痕""趟泥步""潜狼步"等有关"走"的训练方法。

基于这样的认识，我们认为，千里之行，始于足下；身心健康始于足下；事业成功始于足下。而始于足下最好的方法，则是八卦走转。

历史渊源

八卦走转这个方法来源于中国传统武学中的程式八卦掌。八卦掌的创始人一般认为是清朝的董海川（1797 年出生），他的大徒弟程廷华于 1841 年出生，10 岁开始跟董海川学习武功，当时学习的内容并不复杂，基本上就是一个走转。"久转功自成"，程廷华不到 20 岁就在北京武术界崭露头角，被誉为“眼镜程”（因其所从事的职业是修眼镜）。

由于“眼镜程”已成为当时武术界的翘楚，所以当时武术界许多人都找他比武，但他从来没败过。北京练形意拳的老前辈李仲轩曾回忆，形意拳名家尚云祥与程廷华试手，据说起因是尚师。“尚师是矮矬子、大肚子，他到程廷华家拜年，坐在八仙桌后，很隐蔽地用肚子一拱。尚师的劲道刚将桌子催动，程廷华的手就拍上了桌子，然后两人去院里试上了。有人说‘程廷华通了灵’，那是赞叹程廷华的敏感。”

当年的程廷华是一个传奇人物，武术界的许多人士对之评价都非常高。中华武学革故鼎新之泰斗、大称拳（意拳）创始人王芗斋先生在 1940 年 6 月 27 日对《实报》记者说：“余幼年时曾与程廷华先生晤，回忆神情，真若游龙游空，百折千回，令人难追其功劲。遥想董师海川先生，更不知法海，博道要，深邃何似。”

程廷华是八卦掌第二代中的翘楚，被誉为功夫最好的八卦掌门人之一。程廷华所传授的八卦掌很简单，就是一个走圈——第五代门生铁恩方最初称之为八卦掌走转健身法，后与笔者商量，最后定名为八卦走转（或八卦走转健身法）。

现在八卦掌中的许多套路，大都是后人们根据自己的理解编创的；而八卦走转，则上承八卦掌和道家文化的道统，下续当代人身心健康的需要，恢复大道至简的本来面目、本具因缘，并别开生面，以一个式子含多种心法；由简入繁，由繁归无，从而形成独特的功夫进阶次第和身心性命的修养内涵——没有此八卦走转的修炼进阶和修养内涵，则内里干瘪，不能视之为大道至简。

程廷华传承至刘斌，之后为刘世魁，第五代门人就是铁恩方先生。笔者跟随铁恩方老先生修学三年，要入门拜师时，由于他年龄大了，而笔者当时还不满 40 岁，为了不乱了八卦掌传承的辈分，铁老指定笔者拜其大徒弟张振华先生为师。因此，从八卦掌传承次序来说，笔者为八卦掌的第七代门生；从八卦走转传承次第来说，笔者乃第二代传人。

八卦走转，沿着历史河流溯源而上——八卦掌创始人董海川，曾游学证悟于吴越巴蜀等地，而越地，是道家北派七真之一邱长春道长所传道法流布的地区。据《七真言行传》记载，北派七真人修道，仅剩邱长春未得道，于是，就事上修，行善事，背扶各类各色人过河，磨砺心性；功夫修，则读经默想，每每瞌睡之际，则起来转圈走，以放松身心，醒脑舒展筋骨，然后，再念经，再转圈。就这样逐渐形成了道家秘传的修持法门——转天尊。现在，某些道观经多年沉寂后，开始恢复道家“转天尊”的宗教仪式。在八卦掌等功夫界则形成了神秘的“转天尊”法要，并留有口诀“欲求无上道，大众转天尊”。

此外，跟八卦走转比较相似的练法，还有源于峨眉山的自然门矮子步和湖北的天罡气等。

笔者在传授和觉悟八卦走转的过程中逐渐悟到，八卦走转融合了天罡矮子步、趟泥步、童子采莲步、潜狼步等中华武功步伐的练法精要，是与中华文化的太极、阴阳、八卦内涵融为一体的功夫修行。

八卦走转释名

中华文化最重要的思维模式——含三为一（亦称为“涵三为一”）。对任何事理的认识，如果能以含三为一作参照，则必然会抓住核心，透进根底——根本的底部，核心的核心，达到事半功倍的效果。《易经》的核心思想是不易、变易、简易，太极或儒家的核心内涵为阴、阳、中（中庸之道），道家的有为、有无、无为（三界说），佛家的佛法僧三宝等，都潜藏着含三为一的智慧。八卦走转亦如是。

八卦走转，是从名相和运动状态的角度来命名的。八者，方位也，空间也，乃四正四隅、四面八方的空间；卦者，变化也，阴阳变化，千变万化；走者，时间也，重心和位置的移动，沉重量和飘浮量的互济；转者，旋也、圆也、动也；健身法，通过如是方便法门来锤炼身心、涵养身心。与体育运动不同，八卦走转不讲局部动作，而是收视反听，精气神、阴阳中含三为一，以道练心，以走濡养生机，以根固而强骨，通经络，活气血，祛疾病，返本归元，久转功成，身心通达，益寿延年，智慧圆融。

从功用上来认识，则称之为混元一气圈。北京白云观三清阁有一副对联云：无上三尊乃乾坤之主宰，混元一气为造化之根本。道家特别讲究混元一气。那么，什么是混元一气呢？混元一气乃天地之气，通过人的因素——意识主导、内外混化等修炼的方式，通过走圈，使天地阴阳之气混而为一，形成天地人合一、无有分别的整体状态。这个整体状态生养万事万物，为万有之母；这个整体状态借用现代语言，是能量、信息、质量的混融、包容、圆满，是充满生机、养育生命的本有、本具的原初、发轫。走圈的过程，是让自身的生命活动通过重复的行走转圈，使气血形成有序化，并聚集天地之气，成为混元整体。混元道祖派留有混元气的口诀："混元一五行，有形亦无形，中寓阴阳造化机，开合聚散万物生。"学练八卦走转者，也应当体会这个口诀的真意。

从本体上来认识，则可称之为转天尊。天尊，道家也称之为元始天尊，因其生于混沌之前，太无之先，元气之始，故曰"元始"。《初学记》卷二三引《太玄真一本际经》解释说："无宗无上，而独能为万物之始，故名元始。运道一切为极尊，而常处二清，出诸天上，故称天尊。"《历代神仙通鉴》说："元者，本也。

始者，初也，先天之气也。”象征“天地未判，混沌未开，万物未生”的“无极”状态，这种状态也可称为原始混元气的状态。2011 年，北京白云观恢复传统“转天尊”科仪。“转天尊”是道家经行的一种方式，重要节日徒众绕着庙里的大殿行走，或绕着祖师像走转，或走三圈从阴阳鱼 S 线改变方向。走的时候要念天尊圣号，白天念“雷声普化天尊”，晚上念“太乙救苦天尊”。八卦掌门生如果懂得转天尊的，则可边走边默念：“人心皆散乱，一念便纯真；欲求无上道，大众转天尊。”其实，董海川留言“道德建无极”，就是让我们通过走圈、走转这种类似道家“转天尊”的方式，让身心实现无极体，回归本有的婴儿状态，恢复本来面目。因此，这不仅仅是一个锻炼方法，而且是回归本真的一种修为境界。通过修持，这种境界是可以抵达的。因此亦名“转天尊”。

八卦走转，含三为一；三个名字，相互解释；帮助理解，便于精进。

八卦走转的中华文化特点

目前，社会上所称的八卦掌走圈往往偏于武术；有些朋友关于“转天尊”是丹道修炼的说法，多了些神秘色彩；道观中的“转天尊”，则偏于宗教仪式。

我们说的八卦走转则以中华文化为参照系，以八卦方位和混元气为时空构建，通过日久天长的“走转”，有一天自然会“久转功成”。功成什么？铁老指出了方向：祛病延年微渺果，明心见性智慧融。

由于八卦走转的来源是中华传统文化，因此，八卦走转的功夫构成和修炼模式，以中华文化的思维模式高屋建瓴地对其建立深刻认识。

混而为一，便捷高效

八卦走转是不间断地在方圆一平方米的空间转圈，其行走的心法是“散步非散步，练功非练功；内敛非内敛，向外非向外”，涵育着先天后天的转化之机，循环往复，不离圆心，不离周边，四正四隅，方圆一体——通过脚步的“里直外扣”和身法的“中正安舒”，把内外之气混而为一，把神、意、气混而为一，把气机升降沉浮混而为一，把天地精神相往来的气息混而为一，从而便捷高效地对身心有序化的形成产生很好的促进作用。有一位北京中医药大学的在读硕士生便秘多年，其中医学导师给其开了好多处方，但便秘依然如故；练八卦走转仅仅一个月，便秘就消失了。此为高效。便捷，就是姿势少，仅仅一个，一学就会，一练就灵。当然，需要每天坚持，方能有效。

神意主宰，进阶有序

八卦掌创始人董海川得遇九华山长老，传授“炼神导气之功，击刺进退之法”。这里的炼神导气就是神意主宰。传统八卦掌修炼口诀起句就是“八卦神掌走当先”。“神掌”乃用神意来掌握的意思。神意做主宰，乃中华文化“理唯一贯”的法要精髓，举凡中医、风水、书画、发明创造等，均以此理做贯穿，所以八卦走转虽只有一个姿势，却因神意的变化（意守）和变通（意无住），有着非常精微的次第进阶，炼之日久，妙趣妙有迭出。当年，笔者跟随铁老学练八卦走转功夫，因应身心的变化和提升的需要，每走几个月，铁老就进一步传授下一个心法，这个心法就是八卦走转的炼神导气之功，学者不可轻视。

行走为要，旋转聚能

八卦走转突出一个“走”字。走就是不间断的行。联合国卫生署的专家们认为，走是最好的健身法。不过，八卦走转的行和走不仅是最好的健身法，而且是静定功夫的锤炼。现代人浮躁，通过这个方法可让浮躁之气沉潜下来，很快抵达气沉丹田的境界——这个时候，内心就容易安静，做事的定力就有了基石；继续锤炼，还可实现丹田气沉，这是道家所称的结了“人元地丹”。更重要的是，走圈的模式类似海的漩涡、龙卷风、黑洞等，可取得集聚能量的效益——走的圈数越多，聚能的效果越好。需要特别指出的是，八卦走转和八卦掌绕着树走的方法还不同，八卦走转的中心点一定是空的，其目的就是为了聚能。有的人本来爬山回来很累，但是练了一个小时的八卦走转之后，所有的疲劳感就会消除，这就是聚能的效果，而且这种聚能是由无意之中有真意来实现的，是真正的无为法。

内求本具，自然无为

无为法是八卦走转的精髓，然而无为必须通过有为心法的陶冶才能养成习惯，因此，八卦走转一定先有“对拉拔长”“弧锲八线”“三道气圈”“意注气球”“七星布位”等有为心法，才能进阶到“无为而无不为”的境界。这个过程实际上是内求本有、开启本具智慧的过程。有些企业家、作家练八卦走转后，莫名其妙“智觉妙感通”，思路豁然贯通，从而获得灵感，解决了企业难题，找到了写作思路。必须“天长地久”地走，至少每天坚持连续走1小时，时间越久越好，这样才能不知不觉地体味出其中的奥妙。

八卦走转，中华道统，千古一脉，不绝如缕。

我辈，能否深刻地认知其中的奥秘?!

修炼秘诀

铁恩方老先生曾手书八卦走转修炼秘诀给笔者：紧求松、繁求简、难求易、有求无。这几句话高度概括了八卦走转的丰富内

◎ 无圈亦有圈

涵和修炼窍要。

紧求松

这里的“紧”，不是指形体动作，而是意念的充实饱满，也就是“形松意充”。走的过程中，凡是有形有相的姿势、动作，均放松；然而，意念要充斥其间——似有非有、若有若无、守而非守——使姿势、动作呈现出紧（外人看来）的形态。这样练习日久，才能获得真正的松。八卦走转的一些心法是通过意的充实来锤炼形之松柔的。

繁求简

“繁”指中级阶段心法要繁杂，要照顾到动作姿势的所有方面——外三合和内三合、头颈胸腹、四肢百骸，心意要观想之、观照之、体察之，要对形体的间架结构都照顾到。开始阶段，由于我们的意识灵明度不够，很多时候处于一种类似五马分尸的散乱状态，因此，看起来很简单的动作姿势却不能用意念的清净灵明来统照之，这样就需要用繁复的心法来锻炼出专一的心念来。等形成自然习惯后，则既有非有，非想非非想，连心法都没有了。就是一个走转，简单明了。

难求易

虽然仅仅一个动作，然而练习时要懂得给自己制造难度。难度一，延长走转时间，从半小时、1 小时、2 小时不断延长；实践过程中，有人突破了 4 小时（其实，在古代 4 小时是基础功夫）、5 小时，甚至有人连续走转 8 小时（一定要循序渐进并有老师指导才可走这样长的时间）。难度二，手上“四字诀”（顺胀鼓连）和腿脚“八字诀”（蹭搓探踢碾含挂趟）要联合运用（详解见本书第 59 页），形成整体。难度三，内功心法的繁杂体认不断进阶。难度四，要逐渐降低身体的姿势，形成类似“天罡矮子步”和“自然门矮子步”的功架。这些都经历过了，易简自然成，如此方是大道至简；否则，就是干瘪。

有求无

八卦走转练了几个月或一两年后，就逐渐不再理会动作姿势，内功心法似有非有——这些“无”——没有什么动作要领和内功心法的境界必须通过“有”来实现，“有”就是心法很多，心生万法。不过，这个心生万法是符合道统规律、是承续传心法的，不能乱来。中华文化最重要的特点，就是有无相生。开始的“有”，是为了后来的“无”；反之，“无”则亦是为了“有”。到了无心、无念、无动作要领的阶段（无念、无相、无住），则“有”——生命活动自然会获得整体的健康和全面的优化。

紧求松、繁求简、难求易、有求无是一回事，分别表述而已。修炼的时候，则要整体地把握。

铁老对求学者经常说的口诀是：“脚下飘着走，出手无关手，内外本一如，没有才能有。”以上四句秘诀其实并不神秘，关键是我们当代人已远离中华文化太久了，天天浸润在眼见为实的“有”的层面，所以不太容易理解它。因此，笔者发心，整理出当年铁老为我辈授课的文字内容，写成八卦走转讲记，以帮助大家理解八卦走转，从而更快地优化生命活动，让身心健康水平提升、本性流露，找到自身的天命所在。

身心效益

2004 年，八卦掌第五代传人铁恩方先生已 91 周岁了，但是他依然是“耄耋能御众”。笔者与之试手，刚和他老人家的手搭上，笔者就腾空而起了；甚至牢牢掐住铁老的脖子，铁老一张嘴，笔者就好像被电击了一般，不知怎么一回事，手松开了，人也被弹起半米高然后落地。可见传统八卦掌（八卦走转是其中最基本、最重要的训练内容）如果能坚持修炼，确实能达到“其道至大，而无不包，其用至神，而无不存”（程廷华语）的境界。但与人比高低并不是八卦掌（八卦走转)的根本目的。铁老认为，关键是“奏心身修养之良效”。

现代人普遍行走不足，白领人士往往长期坐在椅子上；一些成功人士出入以车代步，或乘坐飞机在各个城市、各个国家间奔波，很多人积攒下许多疲劳物质积蓄在腰部赘肉上，从而压迫了血管，使由腿部往上升的血液滞留在那里，结果造成毛细血管的血液循环不好，手指头和脚趾尖冰凉。下半身的血液循环不好，则全身的血液循环也会变坏，头痛、眩晕、肩部酸疼、鼻炎、水肿、失眠等症也会接踵而来，进而高血压、心脑血管病、糖尿病等现代文明病也随之来临。让现代医学比较尴尬的是，这些现代文明病靠医院的吃药打针只能缓解一些临床症状，痊愈的很少。

最好的足底按摩师

医学科研表明，人体五脏六腑的 12 条经脉有一半以上起止于脚部，人体脚部毛细血管、神经末梢丰富，脚上有 60 多个穴位，将近人体穴位总数的 1/10，脚上的几十个穴位都与人体其他器官有密切的关联。而且，脚部排列着全身各个器官的反射区与反应点，热、冷、寒、暑、潮湿、病态以及各种不良刺激在脚部反应比较敏感。

当脚部不适时，会牵连引发躯体许多其他病症；反之，通过脚底反射区给人体相应部位以良性刺激，则会促进这些部位的微循环和血液循环，从而祛病健身。

基于这样的认识，现代社会足部按摩已经成为一种保健时尚。八卦走转在一定时间的行走过程中对足部进行按摩，所以可取得足部按摩的所有效应；此外，这种行走可有效强化气血的流通，所以其保健作用比足部按摩更好。

强化“第二心脏”

脚是人体的第二心脏。心脏每一次跳动可以送出 1/10 升血液。健康的成人平均心率为 70 次 / 分钟，等于 1 分钟送出 7 升血。也就是说，只要健康的话，全身的 5 升血 1 分钟内能流经心脏。心脏好比是 24 小时内送出 1 万升血的水泵。尽管血液得到如此迅猛的输送，但是由于要送到遍及身体各个角落的毛细血管，所以流回心脏的时候，它的压力已经变得很小了。输出的血液流回到心脏凭借的是静脉周围肌肉的力量。不过，人体中脚离心脏最远，因此，从心脏送出去的动脉血把营养物质输送到脚的各个组织，然后变成静脉血携带着废弃物流回到心脏的过程较长，所以要花费大量的时间；而且脚位于身体的最下端，所以流下去的血要是没有足够的压力就很难顺畅地流回到心脏。

八卦走转可有效地给血提供足够的压力，因此，对促进血的循环有特别大的帮助。这就可以解释，为什么练一段时间的八卦走转，心脏病患者竟然能在不知不觉中痊愈。

平稳血压

第一,八卦走转是一种简单和谐而有节奏的运动，能调节患者的情绪，增强其战胜疾病的信心。特别是在户外练习八卦走转，自然环境对大脑皮层的良性刺激作用可以降低大脑皮层及血管中枢的兴奋性，从而起到降血压的作用。

第二,八卦走转时，占体重一半的骨骼肌肉进行着有节奏的舒张和收缩，因而使末梢的动脉借以舒展。同时，由于骨骼肌的活动，新陈代谢和耗氧量升高，局部组织细胞的代谢物增多，因而使平常仅开放 20%的毛细血管网开放程度显著增加，促使微循环血容量增多，阻力减小，静脉和心脏回流血量相应减少，这就有助于降压。

第三,八卦走转能改善血流动力学反应，表现为锻炼后心率收缩压乘积（心率 × 收缩压 $\times 10^2$）比锻炼前有明显下降。一般来说，如果情绪上没有大的起伏，通过半年到 1 年的走转练习，一般人的血压都能很平稳。当然，八卦走转有一种双向调节作用，血压低的人，通过走转血压可在不知不觉中恢复正常值。笔者的父亲就是低血压，通过八卦走转，现在血压已恢复到正常值了。

延年益寿

程式八卦掌第五代门生、八卦走转创编人铁恩方先生年逾九旬时，依然身体健康、思维敏捷、智慧通达，这得益于他 70 多年坚持不懈地练习八卦走转。

天津一位 30 多岁的妇女，坚持练习八卦走转 2 年，类风湿关节炎就再也没有犯过。太原有个老先生，练八卦走转 5 个月，前列腺肿大竟然好了。北京故宫博物院的一位保卫干部则体会到八卦走转比平常走路（包括散步）的锻炼效果要好得多，他说通过八卦走转的锻炼，“自己的脚掌、脚腕、小腿肚子等都明显有力了，走起路来显得稳健多了”。

此外，在八卦走转的过程中，由于双臂一直环抱在脐前，血液能不断地循环于肩、臂、手上，这样，肩周炎等上肢的疾病也能得到缓解或痊愈。

开发智慧，提高能力

八卦走转比平常走路（包括散步）、快走的健身效果好，原因就是：八卦走转不仅仅是一种形体锻炼方法，它更是一种修养意识的有效途径。

走路、散步、跑步等体育锻炼是一种外向性的锻炼方式。这种锻炼方式由于边走/跑边看风景、边走/跑边聊天、边走/跑边思考问题，则眼、耳、鼻始终是朝外散发能量的，这样一来，精神面貌就会因景色或者环境的变化而变化，所谓的景转心也转。

八卦走转是一种内向性的、具有中华传统文化鲜明特质的锻炼方式，这种锻炼方式的特点就是在锻炼的过程中眼、耳、鼻等器官要做到“视而不见，听而不闻”，精神状态始终抱元守一，意识很宁静，也很专一，没有杂念，也没有各种分辨心。在走转的过程中，周围的环境和景色虽然会发生变化，但心态却不变。

此外，在走转的过程中，练习者会自然而然形成顺项提顶、涵胸拔背、松腰收腹、合膝舒胯、凝神定气等符合内功修炼规律的形体，这样，气血就能形成一种有序化的运行，就会自然而然地营养我们自身。所以，经常进行八卦走转的锻炼，头脑会越来越清醒，记忆力会得到加强。天长日久的走转，甚至能抵达“明心见性智慧融”的境界。

任何人，只要能行走，都可以进行八卦走转的训练。

在进行八卦走转的训练时，一定要按照自己的身体情况循序渐进地加大运动量。如果不是为了治病，一般一天坚持 1 次，每次半小时到 1 小时就可以了。如果能连续坚持八卦走转 12 个星期以上，那么以后走多长时间的路也不会觉得累，不走反而会觉得没精神。八卦走转只要坚持练几年，人的身心面貌就会有很大的改观和提升；如果一生能勤而习之，则不光能祛病强身，还可逐渐达到内功精湛、智慧融通的境界。

八卦走转

下编 法

第三章　基本练法及进步阶梯

基本练法

练八卦走转，开步之前首先要确定一个圆点，然后围绕这个圆点走一个直径 1—1.2 米的圆圈。八卦走转的基本方法很简单，锻炼者可以散步的节奏沿着这个圆圈转圈走，一般八步为一圈。当然，七步一圈或者十步一圈均可。

一般八卦掌的走圈主张绕树走；而八卦走转则不主张绕树走。为什么？因为中间这个点到走圈的路径之间特别重要，类似龙卷风的风眼，是能量的积聚处。

走转时，不能只向一个方向转走，应该左（旋）右（转）交替进行。八卦走转亦名混元一气圈，混元乃“阴阳未判，一气混元”的状态，是太极之先、无极之后的状态，这种状态是采先天之气为后天之用的转换之机。左转右转，阴阳合一，混融阴阳，调和五行，吸纳八卦之四面八方的能量，从而补先天元气之不足和后天精气之亏损，因此，必须“左转右兮右转左”。

走多少圈换方向，由练者自己定（如果走 1 小时，则半小时

◎ 初学时可在地上依此画圈，沿圈走。内圈直径 1 米，外圈直径 1.2 米。

换一次方向）。左旋右转换方向的练法是：左旋时，左脚直放，平铺于地，右脚迈步至左脚前且尽量横扣于左脚前，右脚尖朝向圆心，随之向内转身的同时，左脚平起外旋 180 度落地，然后前迈右脚沿圈走转。

走转时，自然闭嘴，用鼻呼吸，呼吸要自然。全身各关节自然放松，两肩下沉，两腿内裹，两膝内扣；脚心涵空，脚掌平抬平落，伸直脚面向前迈进（称为趟泥步）。

走转时，两膝保持一定的弯曲程度，身子微微下坐，命门自然向后放松。走的时候，身体不能高低起伏，也不能前倾后仰，左右歪斜。八卦走转时，速度要均匀而不间断（开始练时快点、慢点都没有关系），姿态要轻松自然，如水漂木，如船行舟。

初习者每天早晚各练一回，每回连续走转 30 分钟至 1 小时；后逐渐增加走转时间，如为了治病，则最好能达到一次连续走转 1 小时 30 分钟以上。

如身体不适，可适当休息一下再走。

为帮助入静和提高健身效果，走转时候还可背诵八卦走转的十六句歌诀等。

进步阶梯

第一阶段：随意遛弯

基本练法

在操场、公园、房间等空旷之地，想象画一个直径 1—1.2 米的圆圈（初学者也可直接用粉笔在地上画一个圆圈，并定好中心点），然后沿着这个圆圈散步。散步的时候要目视前方，两腿随意而自然地沿着圆圈遛弯；遛弯时迈步的幅度不要大，速度也不要快，两手顺其自然地随意摆动。此阶段的关键就是这样随意溜达，没有任何其他的要求。

进阶心法

1. 无极站立。两脚并拢，百会上领，下颌回收，两眼平视前方，两手自然下垂，两膝自然弯曲，全身松散通空，内无思虑，外无干扰。八卦掌创始人董海川曾有言："道德建无极。"此无极乃没有思虑杂念的心态和没有任何运动姿势的身体状态。保持这种站立姿势 1—5 分钟。

2. 随意遛弯。走的时候，是散步又不是散步。走的时候，自然而然，务求无虑地走，越自然越好，越没有练的念头越好，越不管要领越好，这样才容易把身心松下来。练功夫并不是把要领讲清楚才能去练，而是一定要发挥人本具的自然习惯。初学者遛弯半小时即可，随着体力的增强，可逐渐延长到遛弯 1 小时。

3. 无为收功。收功就是收敛精气神，关闭眼耳鼻舌身意，让神意安定、气归其位、形体归无极的修持，是一种把刚才通过走而让气血流通的运化，形成一种均匀的无为而为的静、净、寂的状态。保持无极站立姿势，什么也不想，静立 1—5 分钟。八卦走转起始为无极，收式亦要回到无极状态。

此阶段如果每次能溜达 1 小时，则可在 1 到 2 个月后进入下一阶段的练习了。

第二阶段：七分遛三分练

基本练法

沿着圆圈先随意溜达几分钟；然后两眼凝神前方，竖项提顶，涵胸拔背，两臂环抱，肘坠而悬，两手置于腹前，腕微鼓，手心微微内涵，掌心朝下，两脚自然迈出。迈出内侧脚的时候要把脚伸直，外侧脚迈出时，脚尖要微微内扣。就这样一步步迈出。等走了一段时间后，要转身往回走的时候，上身保持原状，外侧迈出的一只脚，尽量按照内扣 90 度的原则落地，然后，身体向回转的同时，内侧脚平直伸出，这样，内侧脚在转身之后变成了外侧脚，而后腿跟上的脚就变成了内侧脚。然后，继续按照里直外扣的要求沿着圆圈行走。这个时候仍然不要过多地去注意动作要领，只要能特别自然地沿着圆圈走就可以了。要结束锻炼了，两手可以自然地置于身体两侧，自然摆动，再走几分钟就可以了。

进阶心法

1. 胡思乱想。开始走转的时候，可以胡思乱想，可以想生活中的任何事情，甚至可以边走边聊天。

2. 有序数步。进一步用一念代万念的方法来走转。如何以一念代万念？边走边数步伐。如果每走一圈为八步，则可以以八步为一循环，或者可以一直数下去，这样，数着数着，精神就会安定下来。

3. 思维禅修。道不远人，就在日常生活中。八卦走转就是修道，道以圈显，以走为法要，因此，我们说八卦走转是行走中的冥想，是一种思维修。走转的时候如何思维修，就是给自己设计工作、生活中的问题，边走边思考如何解决。由于气血流通的关系，因此，走着走着很多灵感就会闪现，解决问题的办法就会自动涌现。人人具有佛性，为什么佛性不展现？这是思维、躯体、气血有阻碍的缘故。走转会让思维、躯体、气血通畅，因此，就会展现出本具的佛性——智慧之光。

此阶段如果能每次练 1 小时，则可在 1 到 2 个月后进入下一阶段的练习了。

第三阶段：七分练三分遛

基本练法

仍然先沿着圆圈随意溜达几分钟，然后按照八步左右一个圈的要求进行走转。此时，要依次调整中、上、下三盘。

1. 调整中盘（头、胸、腰、腹）。头上方好像有一根小细线悬提着头顶百会；颈项竖直，不偏不斜，颈椎与脊柱连成一条直线；两肩向下松沉，双臂环抱；胸微微内涵，后背拔直，此为涵胸拔背；腹部微微回收但不能瘪肚子；脊柱伸直，命门向后放松。

2. 调整上盘（肩、肘、腕、手）。手指自然分开；掌心微微凹陷，有掌心含空之意，大指根节（即大鱼际）略略向掌心扣，小指与无名指微微向掌心裹，从而使大指尖到大指根、掌心、小指根到小指尖成圆弧状，就好像手里含着一个气球似的；腕微鼓，掌指自然而放松地舒展；肘尖有微微掩护和保护心脏之意，肘尖内侧正对着心窝；胸、腹、大臂、小臂之间好像环抱着一个完整的大气球或者相互包容的五个气球。

3. 调整下盘（胯、膝、踝、足）。两胯自然向外舒展；两膝内扣；两脚平起轻落；自然交替着迈步，脚心微微内涵。

调整三盘的练法是养成功夫修持的基本间架结构，有了这些间架结构，则从内到外会展示出一种整体性。看着你，别人会莫名其妙地产生一种舒服感，当然，练者自身也会从内到外感到舒适。

进阶心法

1. 对拉拔长。走转的过程中，有意识地用意念做对拉拔长的熏修。上下——百会和尾闾，虚领顶劲和气沉丹田；前后——两手和命门，含胸和拔背；左右——两肘向外和肘外虚空向内；沉肩坠肘和肘吊腰圈上下对拉拔长；掩裆扣步和后腰胯外张等。

2. 收视返听。走转的时候，要做到“神不外溢，意不着相，气不涌出，形不破体”。如何实现？眼睛视而不见，耳朵听而不闻，舌抵上颚，意念对着脑中心。当然，意念一定要若有若无。眼睛则保持一张一闭的自然状态，三分向外，七分向内。儒、释、道三家都讲究收视返听，收视返听的不仅仅是目和耳，更重要的是精神内敛，神气内敛，不外溢。此阶段最关键的就是调节眼睛和耳朵。眼睛要在凝神定气又放松随意的基础上平视前方；走转时身体转向哪个方位，眼睛就随之看着哪个方位。如果眼前有墙或者树木等障碍物阻挡，在意念里要做到目光能穿过障碍物，好像一看就看到天地交合处了；或者眼前有物若无物。在走转时，听到任何声响都不要理会，要好像没有听到一般。

3. 三道气圈。铁老曾经跟杨式秘传内功太极拳传人多有交往，而杨式秘传内功太极拳有三道气圈的练法，因此，在八卦走转有了一定基础后可以加进三道气圈的心法：想象胯部有直径一米的气圈，腰部有直径 80 厘米的气圈，肩部有直径 1 米的气圈。走的时候，想象两手的气球放置在胯圈上；肘部似吊非吊着腰圈；意念之肩部气圈，则带着腰、胯气圈，推动身体平移平送。

实际上，以上动作是一个整体的动作，不需要刻板地追求，而是要似有非有，边走边调整，但是又好像没有调整一般，这时内心才能放松，自身才能自然而然地形成上、中、下三盘的整体，从而形成一种自然的习惯，形成习惯后就可进入专一心念阶段的练习了。

第四阶段：专一心念

基本练法

如果在八卦走转的过程中有杂念，可以用背诵十六句歌诀的办法来驱赶杂念，来落实口诀中每一句话的真义。

这样一来二去，与走转无关的念头就干扰不了自己了，就会平心静气；精神一平和，心里就会只有走转的概念，甚至连走转的概念都逐渐没有了——体现在外，只是自自然然、慢慢悠悠地走。

进阶心法

1. 七星布位。八卦走转练到一定程度，为把体内体外之气内敛到更深层次，可用传统功夫界的七星布位法来强化。边走，

◎ 八卦走转七星布位图

边意想百会、华盖、命门、环跳、足外踝（丘墟）。从上往下意想，然后再从下往上意想。想的时候，要知而不守，守而不住，似守非守。七星布位，目的是专一心念。

2. 意敛圆球。走转时，意想百会顶一个乒乓球大小的球，一半在内，一半在外。涌泉穴各含一个球，一半在内，一半在外，全身各大关节如两肩胛、肘关节、腕关节、命门（腰际）、髋关节、膝关节、踝关节（丘墟），均意有气球塞到骨缝里。这样用意念敛圆球到身体，可把气收到骨髓。以后还要收敛到指、趾关节、头、脊椎 24 节等。

3. 易筋洗髓。少林寺传有《易筋经》和《洗髓经》，易筋增力外壮，洗髓养心，互为表里。八卦走转的易筋和洗髓至为简单，就是把姿势放低：做好虚领顶劲和气沉丹田，走的时候不要高低起伏；两脚平起平落，身体平移平动，类似矮子步一般地去走，走着走着，易筋和洗髓的效果会自然呈现。

如果能进入这样的状态，一次连续走两三个小时也不觉得累，甚至会出现走得忘记了时间和空间的很美妙的境界。这样，也就不知不觉地进入了无形无相阶段的练习。

第五阶段：无形无相

基本练法

有形有相是指在走转的过程中一直考虑动作要领，而到了无形无相的阶段，虽然仍然在很缓慢很缓慢地走转，但却会进入恍恍惚惚、似走非走、一泓清澈、一片灵明的境界。此时，没有了一切人为的精神上和形体上的调整了，每一步都符合要领，每一步都很清净，每一步都很自在，每一步都是无我无为，“中正安舒和定意”的所有要求和境界都能感觉到、体察到并与之相互混溶，甚至能“与天地合其德，与日月合其明”。如是，则可“道悟德培妙峰登”，“祛病延年微渺果”了；而“明心见性智慧融”

的境界也可能已经达到了。

进阶心法（无心法的心法）

1. 神虚明净。天地精神，一气流布。人的精神必须如天空般虚无，犹如浮云点太苍，并有灵觉在内，明明白白，清澈干净。日久天长地走下去，精气足了，精神旺盛了，自然会出现这种状态。

2. 虚空实有。此时，虚空和自身的界限会打破，能感觉到虚空的阻力犹如实有的空（没有的有）；身体之皮肉筋脉骨、五脏六腑、四肢百骸，均如空了一般（空而不空）。日常的涵养道德、理法认知，以及无我无为之修为，在这个时候就能帮助守着这种境界、延长这种境界。如何守着、延长？如如不动之心。证诸实际，有的人在走转的过程中突然出现这种情况，但是，因为心性修为中没有功夫的参照系，害怕起来，从而中断了八卦走转的修持，殊为可惜。

3. 粉碎虚空。虚空打破、对立打破、人我打破，自身还是自身，无住而无不住。儒、道、佛的究竟真实之义可证到矣。所有的词汇和语言都无法言说——言语道断，大道之行也。

这 5 个阶段 15 层心法并不能像登台阶一样分得很清楚，但我们可以一步一步地来实现它。

八卦走转是一个值得用一生的时光来浇灌的生命之旅。生命的旅程有多长，走转的过程也就有多长。人生的幸福也许会因此而不断地照耀着我们！

修炼总则及法要

修炼总则

1. 打破对立，打破统一。这也是禅宗最核心的要义，八卦走转是形体外显之动的名称，混元一气圈是功能之效力，转天尊是本体本真。八卦走转要实现这种打破对立、打破统一的状态。当然，普通的学练者，可以不用过多地去分析这种状态。在八卦走转的过程中这种状态也许会自然呈现。未呈现，不盼望；呈现了，不留恋；不恐、不惧、不喜、不分析。这也可以说是八卦走转需要参悟的一个“话头”。从这个意义上来看，八卦走转是一种行走的冥想和禅修。

2. 和合互根，阴阳调剂。在八卦走转的过程中要贯彻上下相随，以下为主；内外相合，以内为主；练养结合，以养为主；快慢相间，以慢为主；有为无为，以无为主。八卦走转的目的是安心、明心（明心见性智慧融），是把心量扩大，与大自然虚空更好地融通；同时，也为练好太极拳、八卦掌，乃至修身养性奠定坚实基础。

3. 三观统摄，形神合一。八卦走转也是特别重要的内观法门，有三个层次：观想——用意念制造一个形象来帮助观想（如气球等）；观照——像探照灯一样，照到身体的所有部位，甚至对骨缝、骨髓、血管等都能有所关注，即意到气到，从而这些部分会充满神意所调动过来的大自然的能量；观自在——逍遥自在，无忧无虑，似想非想，非想非非想。这样进行走转就可实现形神合一，从而身体的通透度和精神的通透度都会超越普通人。

4. 八卦一如，心气平和。八卦走转是锤炼功夫修为中所说的间架结构，全是对等的，有往前就有往后，有往上就有往下，有往里就有往外。这个间架结构练到身上，自然心会沉下来，气就不浮躁了。笔者所传授的内功太极拳、松腰太极拳等，是从繁求简、紧求松、动求静来入手的，而八卦走转则是从简求繁、柔求刚、静求动来入手的。练八卦走转的时候，意念要照顾到四面八方，并有弧锲八线——气像八条线一样溢出去；而在身体外围，则有意念形成的弧线来约束（或成弧形锲着、连着这些线，使气既松散又内敛）。百会越往上领，下颏越往回收，丹田越往下沉，从气沉丹田步入丹田气沉的更好境界。这样才是真正的心平气和。

5. 内外三合，整体混元。八卦走转要走出形松意充——精神充斥到形体，逐步实现万缘放下、精神安定、注意力集中、生机无限的状态。同时，在走转的过程中，还要始终体会肩、肘、腕、掌指合到胯、膝、踝、掌趾的整体感——此为外三合；更重要的是，还要锤炼内三合——神与意合、意与气合、气与力合，即内外相合的状态。

身心法要

身心法要指的是心生出来方法的准绳，目的是让身和心实现互济。

1. 手上“四字诀”。“顺”——手心往上提，手指尖呈倒蜡烛状，似往下流蜡烛油的状态；“胀”——手心处虚虚的，似有球往外胀的感觉；“鼓”——手腕松，微微地向上鼓；“连”——手指尖往延展的虚空中合拢，好像手指变长，在虚处相连一般。

2. 腿脚“八字诀”。“蹭”——脚内侧踝关节处似接触非接触，好像在相互蹭着一般；“搓”——脚底足面似乎在地上搓草绳一般；“探”——落步时如履薄冰，好像要探听消息，看看冰是否有足够的厚度一般；“踢”——脚尖仿佛在冰上踢石子、踢玻璃球的状态；“碾”——里边的脚抬起前，脚掌碾转一下，再与外脚平行向前迈出；“含”——膝盖含提脚心（实际上是身体的四个地方，用意念微含着——会阴含提膝盖，百会含提会阴，肘含提脚心以及膝盖含提脚心）；“挂”——踝关节如挂脚环、脚镯；“趟”——膝部以下犹如在泥水中行走。腿脚的“八字诀”走意不走形，走形就错了，就会滞住、僵硬。因此，腿脚“八字诀”不要过早练，必须等八卦走转有了基础才能体悟。

3. 身法“十字诀”。肩“沉”而“落”（落到肘上），“肘”

坠而“悬”（意念吊着腰气圈），腋窝“空”松而“满”（意念充斥着），裆“掩”“扣”步；胸腹“拢”（两小臂、两大臂、胸、腹拢抱一个想象的气球，形成两臂上面有气在压，下面有气在托，臂外侧有气往里挤，内侧有气往外胀的态势），命门后“凸”（两手越往前，命门越往后）。

第四章　歌诀释要

八卦走转十六句歌诀详解

为了帮助大家尽快掌握八卦走转的要领，铁老编写了《八卦掌健身研修心得》：

身心修养走当先，四正四隅八步圈。
里直外扣舒膝胯，平起轻落中空涵。
凝视前方平落处，双臂环抱踏脐前。
左转右兮右转左，上下与中平三盘。
三盘旋转气为宗，周身环节须放松。
应将有相能无相，阴阳变化自然中。
中正安舒和定意，道悟德培妙峰登。
祛病延年微渺果，明心见性智慧融。

对于这十六句研修心得，铁老有非常详细的阐释：

身心修养走当先。练八卦掌的目的是修养身心。人这一生的幸福都以身体健康为基础，但身体如何得到健康呢——在于思想，只有思想认识正确才能支配身体的行动，才能够做到随心所欲，所以，修养身心是练八卦的目的。在祖师爷董老创建八卦掌的时候，九华山长老授予他“炼神导气”之功。气是什么？气是身，身体一切功能都是气提供的，气是身体一切能量的来源。怎么练呢？“走当先”。为什么要走转？就是要使我们获得身体和思想的健康。如何获得？首先得炼。什么叫炼呢？炼是修养，身心的修养。什么叫修，什么叫养呢？对了叫养，不对就修整调理它，这就叫修养。干吗走转呢？因为人的根就是人的腿，根不腐朽、不腐烂，就会一直生机盎然，所以我提倡大家有时间都经常走走。

四正四隅八步圈。怎么走呢？“四正四隅八步圈”。“四正四隅”就是前后左右四面八方的八个方向都要转到。一定是八步吗？不一定，七步半也行，九步也行。根据程祖师所说：就是用手这么画个“一”字圈，这个“一”不是直的，是圆的，就转这个圈，主要是让身体不直走，走的时候要放开步伐，脚绕这个圈，意识中好像沿着九万里地球转圈一样，心里没在这个圈上。转的时候不一定是八步，但一定是个圈。总之，走圈走得恰到好处就可以了，大了松散不行，小了太紧凑了也不行。

里直外扣舒膝胯。里面的脚带着膝胯直着往前走；外面的腿往里扣着一点、合着一点，把膝、胯舒展着往前走，不是迈脚，而是膝胯合到一起走。如何走呢？把膝提起来，胯舒展开了，脚到哪儿膝胯就落到哪儿，脚不要迈大步，腿舒展到哪儿就落到哪儿。“里直外扣”的目的是什么？就是让人按照八卦走转的要领走，这个要领就是掩裆、合膝、扣步，这是根节的要点。裆不要撇开，掩裆必然要合膝扣步，因为要转圈，膝关节必然就会里直内扣。这两句说的是要锻炼根节，腿是根节，人老先老腿，所以锻炼身心首先就是培育根节。

平起轻落中空涵。“平起”句是说膝、胯、脚都平着起来，

◎ 里直外扣舒膝胯

舒展开了，平着落，不蹬不踹，劲都在腿里含着。“中空涵”指的是含着劲。拿脚心来说，“中空”是指前后脚掌同时落地，脚心要含着。脚心是涌泉穴，这地方如果踹出去了，泉眼就堵住了，这是气门，要让气不受阻塞。地门要开，要和地心相合，和地心成一个整体。如果蹬踹，就会和地心起反作用，所以落的时候要“入地三尺”，实际就是中空涵——和地心吸引力一致。平起轻落就是不能先落前掌，脚后跟再落，腿再慢慢地落下，后脚掌没起来，先起脚后跟……这都是错的。这么一走，如果脚落得太猛，这气就堵着下不去了，气就没法畅通了。平起轻落，慢悠悠地和缓着往前走，气就可以顺畅地下去，然后又顺畅地上来，气是循环的，这样才有利于养生。

凝视前方平落处。怎样做到凝视前方平落处？就是眼睛自然而然地看着视野的正前方。平落处指的是平着往前看，不要向上向下，要与眼睛等高。转圈有时会看得比较远，有时会看得比较近，有时会看到别人从眼前经过，所以转起来眼睛没有一定的落点，就是与眼等高，落哪儿算哪儿。凝视是指定住神，安神，神不慌乱。特别是转圈，眼睛没定点，所以练的是“视而不见”“听而不闻”，也就是说，眼睛看见什么都好像没看见，耳朵听见什么都好像没听见。这就是凝神。凝视还有一个作用是“顺项提顶”，这是武术的一个要领。眼向上看，脖子就会抬；眼向下看，脖子就会低，这样颈项就不直了。眼睛正了，颈项就直了，不单它直了，顶也就自然提了。提顶不是向上提，而是提到天门、百会穴去——天门、百会在这里起一个汇聚作用。看见什么神就跟过去了，这叫没关天门。天门要闭，让百会宁静下来。这样就是神不外露，从而起到收神的作用。前面讲“中空涵”也有气不涌出的意思，此处要求神不外露。神出气则散，神慌气则乱，神劳气则耗。神安了，气就聚了。心为神之舍，眼为心之苗，眼凝视着，神气不往外去了，人就会宁静起来。

双臂环抱踏脐前。“双臂环抱踏脐前”是肩肘腕手的动作要领。就是两臂向前环抱，好像抱一个气球，抱就是双肩内扣，手心向下一放，也是中空涵的。手放到肚脐前面一尺来远，两手间距一寸两寸都行，双臂一环抱，肩也就扣了，胸也就含了；手在前面一放，肚子也不会往外腆了，这样就有点回收之意了——回到命门那里去。含胸之后，气不会在胸这儿憋着了，会自然地向下去，这叫作“含胸拔背、气沉丹田”。拔背是挺拔、直的意思，练多了就知道了；胸一含，气自然向后靠到背，背也就跟着拔起来了；腹一收，气向后，自然命门就后突了。日久天长，身体直溜溜的，就和项成一条直线了。小孩都是这样的，这是先天之体，也就是我们所说的“形不破体”。前面讲了掩裆扣步、里直外扣、顺项提顶、含胸拔背、沉肩坠肘，这样上中下三节都有了。可是这些都不是要求你用劲，都是中空涵，都是松松空空，自然而然，都没劲，脚是轻拿轻放，手是单摆平搁着，该搁哪就搁哪儿。这样五脏六腑气就和了，慢慢气就会越来越多。如何更好地做到中空呢？平时坐在那里，也可以两臂平抱。中空涵的目的就是含胸拔背，气沉丹田，收腹靠背，使气通畅。“抱”，大家好理解，但什么叫“踏”？手心朝下叫踏，不是摁着而是“环抱”，高度与脐平。为什么要“踏脐平”，因为“踏脐平”能与气相连通，使身体的气与外界更好地沟通。

左转右兮右转左。此时，左边腿在里往左转，右边腿在里往右转，左边转 10 圈，右边转 10 圈；或者左边转 10 分钟，右边转 10 分钟，差不多就行，为的是平衡。这边转特别舒服，于是这边就多转转，那可不行。平衡不单是腿的平衡，实际五脏六腑都和外形结合着呢，所以必须左转完了还要右转。怎么转呢？扣膝。转时也许不知道是怎么转回来的，但是，走着走着就又走回来了，就这么自然地过来了。转得别扭，往往是身体舒展得不够，放松得不好，气不舒畅，这样就更得多走走，走多了就会像

◎ 右旋：右脚直放，左脚内扣。

◎ 左旋：左脚直放，右脚内扣。

平时走路一样顺了。

上下与中平三盘。三盘叫三段、三节都行。上盘是肩、肘、腕、手，下盘是膝、胯、踝、足，中盘就是头、腹、胸、背。三盘都要平。含胸拔背、顺项提顶是平，走起来里直外扣是平，不要一走一迈、一蹬一踹、一高一低，要平平稳稳。两手也不是一高一低。走的时候，“上下”要成为一体，要自自然然、慢慢悠悠地“七分遛，三分练”。刚开始，先溜达溜达着转圈，左右溜达一会了，自然了，再里直外扣，双手环抱着凝视前方。不想走了，可以把手放下，在这个圈上继续溜达。

三盘旋转气为宗。什么叫“功夫”？“功”是走路、跑步、跳跃等生下来就有的功能和能力——这属于先天之气；“夫”是火候，火候过了不行，不到也不行；该睡不睡、该起不起、该吃不吃、该少吃却吃多了也不行，这些都叫火候——这属于后天之气。我们所说的“三盘旋转气为宗”，就是走的快慢、步伐的大小，要根据身体的能量来决定，不要逞能，不要较劲儿。总之，就是既不耗费先天之气，也不耗费后天之气。气是提供能量的能源，其生也由乎气，其动也由乎灵。灵就是神。精、气、神其实都是气，是气的不同表现形式。精不是男子的生殖之精，而是指身体的一切津液；气不单指呼吸之气，还指人的皮肤毛孔时刻与大气进行交换的能量。这是人在气中、气在人中的境界，其实就是内气不张扬，外气内收，从而形成内外之气的环流和交换，使内外的气都合到一起。“气为宗”就是根据自身先天之气和后天之气的情况来决定走转的程度。如果累了就可以休息。息是滋生的意思，银行存款到一定时间除了本钱，还会多一点，这就叫息。累了的原因就是气不够了——休息一会不但够了，而且还多了，这就叫休息。所以“三盘旋转”就要遵循不劳累、不过于逞强、不超过气的负荷的原则。总之，就是恰到好处，慢慢练。

周身环节需放松。气靠什么才能运动呢？靠放松，靠松含。

怎样才能“气为宗”呢？“周身环节须放松”。“须放松”就是身心的各个环节必须都放松，哪儿都不绷着劲，不单是心情，肩、肘，甚至手指、脚趾都要放松。不放松就不叫“气为宗”了。周身环节须放松，谁也不影响谁，谁也不较劲，里直外扣也是自自然然的。什么叫环节？就是肩肘腕、胯膝踝等连接骨头的各个关节。周身上下内外所有的环节都必须放松，哪一点不松都不行。周身绷着劲，就不是“气为宗”了。

应将有相能无相。相就是一切动作的要领都还惦记着，比如腿怎么迈，手怎么搁，眼怎么看，脖子要顺着，踏脐前怎么踏，都叫相。心里总想着动作要领，就是有相。无相是炼神的要求，就是所有方法、动作要领在脑子里没有了、不想了。怎么才能做到呢？练熟了就做到了。刚练的时候是有相，练一两个月动作要领熟了，就自然不想了，连自己都不知道了，完全进入境界，这就是无相。“有相能无相”，神才能达到真正的宁静。

阴阳变化自然中。怎样达到“无相”的境界呢？“阴阳变化自然中”。这腿抬起来就是阳，落下来就是阴；抬这个是阳，那个没抬的就是阴，所有这些变化都是自然而然的，是完全恰到好处的气的运动。阴阳就是动静、刚柔、进退，嘴张嘴闭、眼睛睁闭、肺的一吸一呼、腿抬起来落下，都叫阴阳变化。中是恰到好处，让它自然地恰到好处。比如人渴了喝水，不用事先想好我要喝多少毫升，拿起水杯，喝几口不渴了，自然就放下了，这就是恰到好处，这就是在自然中。阴阳代表一个事情的两个方面，即阴阳变化。变化就是演变。世间一切事物都是如此，难求简，繁求易，无生有，功求理，经过一段时间的练求到这个理。功要练，理要悟。

中正安舒和定意。以下四句讲的是收获。什么是“中”呢？身体哪儿都合适了，都舒服了：腰不弯，肚子不腆着，头不倾斜，这就叫“中”。“正”是指心，心正不邪，不胡思乱想，不求名求利，不显耀自己——不是说必须要求自己不想任何事情，而是练来练去，心里没有别的想法，连让身体练得棒棒的念头都没有——身心修养了。练走转以及其他任何理法都要达到“我爱人人，人人爱我”的境界。并不是我非得怎么样，因为这是真正的中正。“安”是神安，不慌乱，也不害怕，也不着急，也不生气，什么都让它自然地产生变化，这就叫“安”。“舒”是气舒畅、通畅。气舒畅、通畅了，周身就没有滞碍之处了。“和”是和平，呼吸、五脏六腑等谁也不干扰谁，都在执行自身的功能，该消化就消化，该吸收就吸收，该排泄就排泄，该睡觉就睡觉，一切都正常，这就叫“和”。“定”就是外界有什么声响和干扰都不动心，这样精神就安定了，没有任何情绪上的起伏。“意”是指意念能感觉到这个（中、正、安、舒、和、定）。

道悟德培妙峰登。什么叫道？前人走的路我跟着走，这叫走；这条路心里明白往哪走了，叫“道悟”。有德才会修道，修道才能得到德。德就是明白什么是道了，道就是“身心修养走当先”的八卦走转之道。“德培”，以德为体，所行所言也都是道了，自然就会收到应有的“妙峰登”效果——入了一个美好的境界了。佛家讲到山顶了，无限风光在险峰。

祛病延年微渺果。身体健康，不得病——练到这个境界怎么会得病呢？练到这里，安安然然“人生一百岁”是没什么问题的。但是，祛病延年是很微渺的果实，不算什么。

明心见性智慧融。“明心”指的是心明眼亮，心里面什么事都明了，与天地合其德，与日月合其明；先天不迷，后天不惑，出迷澄清了。“见性”是指看什么事都能看清它的本质，尤其能看清自己的本质；“性”是本质，不是表面。“智慧融”就是能分清是非，辨别善恶，知道好坏。“慧”是什么？“慧”是该干的一定干，不该干的绝对不干，这才是“慧”。我知道它不好，但我干了，这就是“慧”不够。明心见性智慧融，主要的就是看清自己，客观事物容易看清，但是自己不容易看清，所以身心修养是为了自己。走这个圈要理法并重，理只有炼神导气，才能明心见性，不炼神导气不可能明心见性。明心见性以后才能像孔老夫子说的：“非礼勿视，非礼勿听，非礼勿言，非礼勿动。”这都是修养，走圈的目的不是走圈，目的是进入“道悟德培妙峰登”的境界，时时刻刻做“明心见性智慧融”的人。

这段《八卦掌健身研修心得》前八句是方法，中间四句是功理，最后四句是收获。不过，传统文化中的法就是理，理也是法。法的特点是练，理的特点是悟。法经过一定时间的操练自己就会明白，可光明白了还不行，还要达到更高的境界——有微妙的感觉了，练到身上了，这才叫悟。这个悟和法不一样，比如顺项提顶，法可以给摆一摆，纠正一下姿势，理却没法摆。理的特点是悟，悟这个理才可以达到“周身皆目”的境界。什么叫周身皆目？就是通过走圈，走得周身轻松愉快，走得气通畅了，走得神经灵敏度高了，能感觉到这种轻松愉快。比如，中空涵、地门开，虽然瞧不见，但自己能感觉到，知道涵没涵好，就像眼睛一样灵敏——收获是自然得到的。但究竟得练多少日子呢？铁老说：“师教圆明悟，久转功自成。”谁是师，不是某个人，而是所有的传统文化。把老师教导的都弄清楚了、都弄明白了就是“圆明”。“悟”是身体感觉到了，悟到了，不光会讲，而且要悟到身体上去。这就是老辈人所说的“功夫练到身上了”。

“久转就是望着‘一’字圈放开步伐转。注意，这里说望着，而没说看着。‘望’的意思就是脚虽然在走，但心不在这个圈上，在哪儿？在宇宙间。要其大无外，其小无内，如同在 9 万里地球的边缘上转圈一样。大家想想，一天转 10 里，10 天转 100 里，1 年才转 3600 里，10 年才 36000 里，20 年才 70000 多里，一天如果走不了 10 里，这 9 万里就真的会不断地转下去，天长地久地转下去。身心修养嘛，还有止境？久转功成，本质上是指‘行住坐卧不离这个’。‘久’不是一天两天，而是天长日久。我 10

多岁开始，到现在 89 岁了，还在练。练 1 年有 1 年的收获，练 10 年有 10 年的收获，永远不白练。”

铁老说：“八卦走转简单扼要，各个年龄段的人都可以练，没有年龄限制。”

八卦走转养生行功歌释要

铁老把自己 88 岁时写的一个歌诀称为《八卦掌养生行功歌》（亦称《八卦走转养生行功歌诀》）：

简易松无缓，环行神意凝。
气聚身沉抱，智觉妙感通。
离名空相寂，一巧任从容。
师教圆明悟，久转功自成。
久转功成中，接手找劲听。
静如秤准立，动内吸呼济。
虚涵双重避，卸化顺连续。
实舍己从人，势如从心欲。

一般来说，八卦走转有了基础之后就可深入体会这个歌诀了，而且养生的精要和揉手（推手）的关键都藏在里边了。

简易松无缓。简而明，简而神宁。简，容易的意思。松，指轻灵、柔和。无，没有自己的特殊的意念，顺着式子的内在变化去运化，是无中生有的一种境界。缓，指动作缓慢，缓则准。练八卦走转首先体会出“简易松无缓”的状态来，这样就会气血通顺，不消耗自身的能量，而且能不断地滋生能量。

环行神意凝。环行是指四正四隅的八步圈，要里直外扣舒膝胯地环行。环行是为了神意凝静。神是主宰，环行是内向性的运

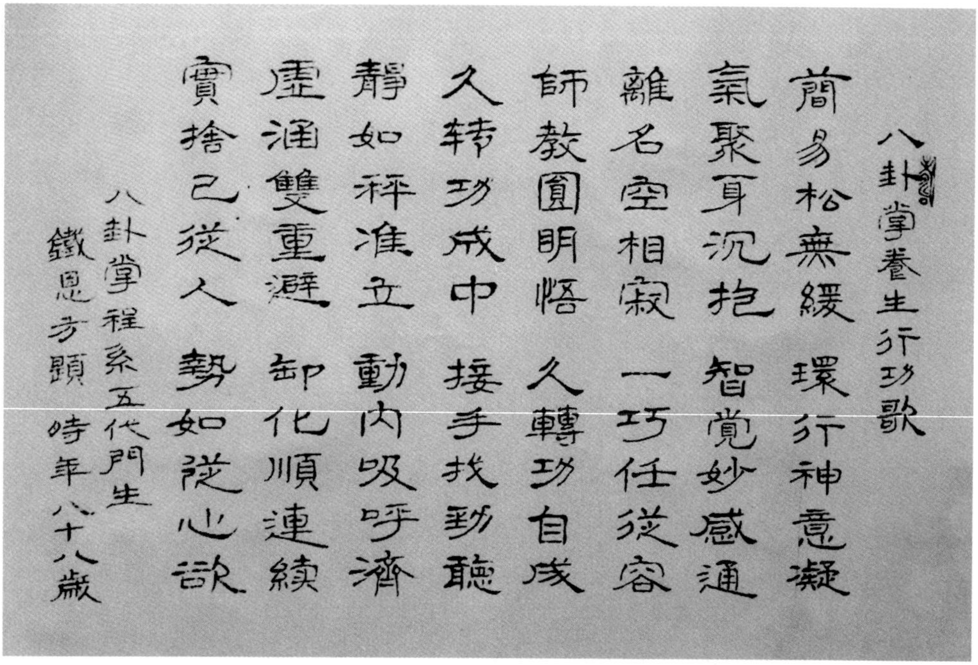

◎ 铁老手书《八卦掌养生行功歌》

动。如此这般，就可做到自然地不向外张扬了。

气聚身沉抱。神凝了，真意就会融动起来，就聚气，不费劲了。这样的功夫如何体现呢？身体不是紧张拘谨的，而是沉静放松的；是沉、抱合一。要往里抱，裆掩着，肘膝等要合着心，上下一如，内外一如。

智觉妙感通。身体里边要体现一种说不出来的感觉，感觉什么呢？要感觉到舒适、轻快、通畅、愉悦。只有进入了状态才会出现这种特殊的感觉。这个感觉就是要把儒家《大学》中的“知、止、定、静、安、虑、得”，变成身上的智慧和境界。

离名空相寂。进入了八卦走转的状态，名称、要领（比如转圈、掩裆迈步等）都没有了。要离开这些。相就是世相，一拿架式就是相。所有的相没有了，空了。寂，就是沉寂下来、安静下来的意思。此时“非礼勿视，非礼勿听”等要求就从文字上变成自己身上的东西了。

一巧任从容。道生一，得其一,万事毕。一是什么？一是通过走转，在自己身上把“简易松无缓，环形神意凝。气聚身沉抱，智觉妙感通。离名空相寂”都合成一了。这个一，标志着恰到好处，非常合适。任，就是任凭怎么走、怎么动，都不较劲、都不拘谨、都不想要领。

师教圆明悟。虽然有老师的教导，但自己理解的时候，不能片面，要全面，要内里边明白，要自己存储住功夫。

久转功自成。久是天长日久，不是几个小时。这样，就会自然地有所成就。练 20 年有 20 年的成就，练 30 年有 30 年的成就。所谓的艺无止境，贵在坚持，永不自满，乃有所成。

久转功成中。走转是一个积攒功夫的过程。在这一过程中，感兴趣的人还可进一步研究揉手的内容。

接手找劲听。什么叫接手呢？不是我拿手去接您的手，是等着您的手来；找劲，不是找您的劲，是找我自己身上的劲。应用时不是看，是听，是感觉，是用内在的神、意、气体察对方的神、意、气。

静如秤准立。秤准是什么意思呢？就是身体的四面八方上下都平衡、都均匀，全是一个分量。“立”不是姿势和体式，而是形容；不是立，也不是站，没有站立在地上的状态，甚至连地的概念也没有；是把身体撂着，不蹬不踹，就轻轻这么撂着——应该说是静——静到极其自然的状态，周身平衡，像秤一样又平又准又恰到好处。有了功夫怎么都行，没有功夫怎么都不是。

动内吸呼济。是吸呼不是呼吸。吸为收，所以不是呼吸。吸为收，呼为放，这是胎息。小孩在妈妈肚子里，一吸，通过脐带把妈妈的营养吸到体内；一呼，肚子一鼓，就把排泄的东西排到妈妈那里了，这叫胎息。内吸呼，不是外边鼻子的一呼一吸，是里边的动。练功夫要做到外动内静，外静内动。内动是什么呢？就是一个一个的吸呼。“济”是一个一个的意思。

虚涵双重避。身里边通过涵养就能做到松柔。涵着，让别人捏不着，摸不到，碰不到。什么叫“双重”呢？就是你拉我拽、你推我挡、你摁我挑、你戳我打。你推我，推不着；你拉我，拉不着；你摁我，我不抗；你砸我，我不理。这就是“双重避”。

卸化顺连续。什么叫卸化？神意气形所形成的气和力，像水一样过来的时候，我这里不堵、不挡，而是卸了、化了、顺了、发了。卸化顺连续，就是连续不断地卸着、化着、顺着。其要点就是接你的手，找我的劲，然后卸化你。

实舍己从人。内里虚着涵着，实实在在地舍自己从别人。

势如从心欲。所有的姿势都听从心所发出的指令，不管是卸、化、顺、发，都是根据对方的姿势而孕育和变化的，是心里边一刹那的感觉而自动产生的姿势。这样的姿势与心意相通，自然通顺、恰到好处、契合时机、心想事成。

对于这个歌诀，学练者可千万莫等闲视之啊！

第五章　深研及解惑

深研八卦走转的途径

正确认识

也许我们的八卦走转太简单了，所以，始终有人认为还留了一手。但是我们在这里要郑重地向大家宣告：八卦走转确确实实就这么简单，我们并没有留一手。

大道至简，真正的传统文化都不复杂，只是后人将它烦琐化了——以为复杂的理论和方法才是正宗的，才是值得信赖的。于是，遇到这些真正修养身心的方略之后，反而怀疑它、漠视它、嘲笑它、远离它。

八卦走转的内涵确实很丰富，但是，如果不深入地走转几年，你对它的滋味就会永远浅尝辄止，永远体验不到、领悟不到其中的精彩——功夫上身的奥妙和神奇就不能在你身上展现出来。

如何深研八卦走转？关键是能否坚持数十年如一日地走下去——承始承终是八卦走转的特点——开始的时候是走转，到了一定程度和水平的时候仍然是走转。

整体为本

在走转的过程中，心情调节最为重要。有的时候，它比方法还重要。

在走转的时候，身体会产生一些变化，这时候一定要正确对待，知道这是改变自身的身心调整，不要害怕。当然，并不是因为练走转了，身体就会一劳永逸地不得病。不能如此简单地做绝对性的划分。每个人的具体情况不一样，家庭环境、饮食习惯、脾气性格等都与健康有密切关系，所以我们提倡，要把修养性情、优化周围环境、调整饮食结构等当成与走转同等重要的原则去呵护才行。

只有做到全方位地、整体地修养自己，才算得上真正理解了八卦走转。

一门深入

练八卦掌 50 多年的一位老先生，把社会上八卦掌的许多套路都学会了，30 多个套路。有一天他找到铁老，一交手，就被铁老轻轻地打得跳了起来。他很纳闷，说我会这么多套路，怎么就被轻轻地打了出去呢？

经过请教，他才发现问题所在：正因为自己学的内容太多了，所以光为了不忘记所学套路，每天就要把 30 多个套路都练一遍，结果反而耽误了自己，没有把内在的功夫练出来。

确实，内里边的修为不是数量多所能解决的，而是要通过一门深入才能积攒下。八卦走转就提供了一个这样的途径。所以，大家千万要珍视啊！

经典濡养

八卦走转来源于八卦掌，而八卦掌则根源于中华传统文化。因此，如果想深入探研八卦走转，首先要深入研读八卦掌老前辈的相关论述及同道同修的文章；然后，在此基础上还要挑选一些中华道统文化的经典著述进行研读和体悟。这些经典是滋养我们的精神食粮，少了这些经典的滋养，我们的人生就会苍白无力，就会在身心方面缺少营养、缺少灵魂。

刚开始我们可能理解不了这些经典的精髓，但是，我们可以先让打动心扉的言论来指导我们，也许在未来的某个时刻，我们会豁然贯通，从而领略到“明心见性智慧融”的无限风光。

螺旋净化

八卦走转并不会让人的身心“莫名其妙”地发生改变或者得到提升。这个世界上没有天上掉馅饼般的奇迹发生；相反，在八卦走转的过程中，不同的人会有不同的反应。

一般来说，患有某类疾病的人会出现排病毒反应和攻冲病灶反应，根据疾病的不同，身体会出现某种程度上的不适，比如出现红色斑点、头晕呕吐、放屁、流眼泪、犯困等（但不是所有人都有这些反应的，有的人只有其中一两种反应）。如患有类风湿的病人有些部位会疼痛难忍；患有心脑血管疾病的患者，有的人走着走着会头疼，甚至会通过某种途径吐出血类的淤积物，等等。

这些反应并不是所有人都会出现，所以，没有出现也不要盼望，出现了也不要紧张。如果害怕，可及时到医院检查。

此外，有些人虽然身体健康，但练八卦走转之后也会出现净化身体的反应，这个过程是功夫上身或身体得到净化的表现，此时要以平常心来对待，不可盲目追求之，一切以顺其自然为好。

答疑解惑

八卦走转是一个不断强化身心修养的过程，在这一过程中，人的身心状态会发生某种变化或产生某种感觉——生理生化反应，功夫界称之为祛病反应、攻冲病灶反应、长功夫反应等。对于这些变化和感觉，不能紧张，也不要过分高兴，要知道，无形无相方为真。

在传授八卦走转的过程中，有些朋友曾提出一些疑问，本人根据自己的理解，做过一些解答，本节选登部分，以使更多人对八卦走转有更全面的认知。需要和大家说清楚的是，在走转过程中，身心状况的内在感受是难以用语言表述出来的，因此，答疑仅供参考。

姿势变化少，一式定乾坤

问：进行八卦走转锻炼的时候，“双臂环抱踏脐前”是否贯穿在全过程中？手臂可否变换其他姿势，有无起式和收式？为什么？

许多人以为姿势变化越多越好，其实这是天大的误解。不是姿势的多少起作用，而是引动气血更好地流通方为至要。古人不是有“气血流通，百病不生”的说法吗？其道理就在于此。八卦走转来源于中华武学，很多武学大家都是“一式定乾坤”的。形意拳的郭云深有“半步崩拳打遍天下”之说；杨式太极拳创始人杨露禅的外号叫“杨搬拦”，他和人交流的时候，就是一招“搬拦锤”；程式八卦掌的程廷华为什么很多人都佩服，就因为他仅凭一个走圈就能技盖群雄，而这个走圈，就是我们现在所传授的八卦走转！

因此，“双臂环抱踏脐前”这个动作要贯穿在走转的全过程，至少坚持 3 年。3 年以后，你会觉得这样的姿势最舒服，也最出功夫，所以也就没有必要再学其他姿势了。由于姿势变化少，气血在体内才能更有序地流通，从而滋生出濡养生命的能量（神、意、气、形整体性发挥作用）。其实，不管姿势如何变化，关键是不能产生杂乱的念头。

八卦走转没有起式和收式，开始就是先随意地溜达几圈，这样能从世俗的事务（所谓的人心）中进入一种八卦走转的状态（所谓的道心）。等要结束走转的时候，两臂才慢慢放下，再随意溜达几圈就可以了。

有量的积累才有质的飞跃

问：蓝晟老师，您对我这个年龄（64岁）的人练八卦走转是否有特别的指导？

八卦走转对任何年龄段的人的要求都是一样的，没有什么特别要求。坚持八卦走转，可取得祛疾强身的效果。

经过古人和当代人的实践，我们发现，八卦走转对于防治前列腺炎、类风湿关节炎、胃病、痔疮、心脑血管疾病、糖尿病等慢性病或疑难病有较好疗效；但是这些疗效的取得必须有量的积累，才会有质的飞跃。因此，如果是为了祛除疾病，最好能通过循序渐进的积累（恢复一定体力之后），达到每天走转2—4小时。如果只是为了健身，身体没有大的疾病，最好能每天走转1小时（一次性）。其实不在于时间的多少，而在于能否进入那种“专一心念”“无形无相”的状态（没有杂念，只有走转的念头，甚至连走转的感觉都没有了）。这种状态就是孔子所说的“视而不见，听而不闻”。这样走，也许一次走转3小时都不觉得累，甚至感觉时间过得很快；这样走1个小时，比进入不了状态地走10小时还管用。

那么，如何进入这种状态呢？没有诀窍，就是一门深入地天天走，走着走着，说不上哪天就会自然而然地进入了这种状态。进入了也不要太高兴，要把它当成生命中的新起点，内化在日常生活的工作、学习、休闲中。

“过河之船”和“主人翁惺惺否”

问：单练八卦走转，对延缓衰老、不患绝症有多大的帮助作用？

不患绝症是一种美好的愿望，但这种愿望不能在“心中”占位，如果占位了，就会产生害怕、担心等负面情绪，负面情绪多了对身体有害，反而会成为滋生绝症的土壤。因为“志一而动气”，情绪造成了体内气机及内分泌的紊乱。

坚持八卦走转对延缓衰老有很大促进作用。中医讲养生要重视“四根”，即耳根、鼻根、乳根、脚根。四根之中的根本是脚根，因为“人的精气之根在脚”。而八卦走转恰恰是从脚这个“根”来入手锻炼的。不过，这种促进作用到底有多大，需看练得如何、心态如何。有一位老前辈，太极拳功夫很好，但因生气，一下子半身不遂了，一年后就去世了。所以，喜爱八卦走转等健身方法的人，一定要把心态的修养当成更重要的目标来追求。因为八卦走转仅仅是供你过河的船，而内心的愉悦、达观、宽容、宁静等，才是要过河的你啊！这种精神上的修养就是儒家所说的“主人翁惺惺否”中的“主人翁”啊！基于这样的认识，我才在《健康成功学》一书中专门提出了“精神锤炼心法”“自我超越秘法”等精神修养的内容。也就是说，等精神修养到了一定境界的时候是可以不练八卦走转的，所谓的“过河扔筏”嘛！此时，你已找到了给自己做主的“主人”了，一举一动都不离人生修养的大道了。

对于一般人来说，八卦走转可成为伴随一生的健身法。如果在健身方面有更高的追求，或为了提高健身情趣，可加练上下蹲起和太极拳。上下蹲起是健康成功学“四大高效健身法”之一，以锻炼脊柱为主，和八卦走转正好互补。太极拳是中华传统文化中的瑰宝，八卦走转和上下蹲起，可成为太极拳功夫的基本功。

只问耕耘，不问收获

问：我现在每天早晨集中练 1 小时的八卦走转，练的过程中，胯以上有一团紧呼呼、暖融融、颤悠悠的感觉，到了最后，肩还有些沉困，这是什么原因？

练八卦走转会出现许多内在感觉，这些内在感觉对于常年进行西方式体育锻炼的人来说是不可理解的。八卦走转来源于中华道统文化，所以，它必然是一个混元整体，所锻炼的内容不是局部的躯体，而是皮肉筋脉骨、四肢百骸、五脏六腑等，其锻炼的核心包括身和心两方面；而身和心的和谐共荣，必然从中华道统文化之内求法的方法论基础上入手。用内求法的方式对身心进行锤炼，必然涉及神（意念的发轫点）的虚灵、意的专一（集中精神）、气的充沛（内外之气的混化）、形的通透（抻筋拔骨、畅通筋脉），实现这些的思维方式就是内求法。内求法的主要特点就是意气不向外耗散，而是内敛、内收、内聚，做到“视而不见，听而不闻”，从而取得滋生滋长、促进气血流通的效果。由于意识“若有若无”的内守和气血的流通，杂乱的思维就会趋于有序，随之也会出现许许多多内在的舒服感、动触感、流动感、胀麻感，甚至有的人连经络的行走路线也能感觉到。如果我们更多地去关注外在的得与失，那么入静后方能体会的美妙感觉就不会来临。这就是通过八卦走转的锻炼出现内在感觉的原因所在。

此外，原来患有慢性病的人，通过八卦走转的锻炼还会产生诸如流眼泪、出红疹、吐黑痰、放屁、肠胃响动、病灶疼痛等排病毒、攻冲病灶反应；有些修炼过内丹、气功、传统武学的人士，还会出现长功夫的特殊反应（比如内气往骨髓里渗透、沁润时，相应的部分会有感觉）。对于这些净化身心的反应及一些内在感觉，一定要“勿求勿助”，既不要高兴，也不要害怕；既不要主动追求，也不要排斥。只要天长日久地走下去，就会越走越轻松，越走越舒服，越走越安详。这种安详可以用“无思无虑，清晰明了”来表述。

八卦走转虽然很简单，但“法贵精专”，有识之士可细心揣摩。你的“肩有些沉困”是因肩部还没有练通所致，等通了之后，则连续走转 3—4 个小时肩都不累，而且特别舒适。

大道至简古今传

问：铁恩方先生年高体健，让晚辈羡慕。就功夫而言，他健康的体魄真的是从八卦走转中得来的吗？是否还得益于其他活动？

铁老 94 岁时做体检，检查结果显示，身体没有任何疾病。他是程式八卦掌第五代传人，所掌握的内容是一个完整的体系，比如还有单、双、顺等掌式及揉手技艺等，此外，他还特别注重从国学经典中汲取身心修养的营养，但其经常练的确实就是八卦走转。

八卦走转为什么能取得这样好的效果呢？第一，它符合健康成功学的一个重要原理——重复是成功之母，也就是说，一个姿势反复做，容易在体内形成有序化，有序化能使体内气血按照一个“序”进行流通，从而冲开体内阻碍气血流通的一切不通畅之处；第二，八卦走转涵盖了许多功夫的要旨，比如顺项提顶、沉肩坠肘、松腰松胯、会阴上提、含胸拔背、掩裆扣步等；第三，八卦走转是内求的科学，锻炼的过程中讲究“视而不见，听而不闻”，这样就会避免神、意、气等人体精微物质往外消耗的弊病，并能使生命能量滋生滋养，从而取得祛病延年、智慧融通的效果，这是符合中国文化道统的一种身心修养方略。

许多人认为，功夫越复杂越神秘越好。其实这是大错了，否则“大道至简”这句话就是一句空话了。古人说：“得其一，万事毕。”毛泽东 19 岁在《体育之研究》中说：“运动之方法贵少。”铁老 90 岁的时候说：“法越简单越好，如果为了健身，可能一个八卦走转就够了。”这是 80 余年修炼身心者的身心体认，值得我们每个人深思。

提升体质，方能不头晕

问：我是初学者，走转时，左走转后换右走转不久即觉头晕，想吐，走不下去，只好躺到沙发上闭目休息很久。

我们在普及八卦走转的过程中，曾遇到很多您这种情况的人。头晕是体虚的表现。

从您的情况来看，您头里边气血的流通还需要加强。没有关系，继续走下去，过一段时间，就会逐渐不晕了，这时身体素质就会更好一些。

无为方为大道

问：我练八卦走转期间，进食后常想睡，有时在公共汽车上也想睡。眼一闭，往往会进入梦境中，梦中会接触一些人，有的认识，有的不认识，也经历一些事。不知是怎么回事，请老师解答。

第一，进食要“食适可，勿过则”，不要吃多了。一般人吃多了之后都有想睡的表现，这是肠胃有了负担，气血应当上升到头的一部分没有上去，停在肠胃里。解决办法就是每顿饭仅吃七分或者八分饱，让自己始终有一点饥饿感才好。

第二，这是八卦走转等功夫修炼之后身体感觉更敏感、入静程度更好的表现，这个时候，还需保持不要特别高兴和害怕，自然无为方为大道。

第三，不要去分析，不要给自己不好的暗示，顺其自然。同时，强化八卦走转，延长时间，让气血流通更好一些，这样做梦就会少一些。白天思虑少，夜晚睡眠香。气血流通，方能思虑少。

练八卦走转会不会出偏

问：在八卦走转中有哪些注意事项？怎样练不会出偏？

第一，身体放松。一开始走的时候，就把它当成一种特殊的散步，不一定要把它当成一种功夫修持，而是以平常心来锻炼。要以一种溜达、一种躯体各个部位都不使劲的懒洋洋的方式行走。步伐不要大，也不要东倒西歪，就是以这么一副无所求的样子去行走就可以了。

第二，精神放松。一开始，在走转的过程中不要求动作是否规范，不要求一圈下来是否达到八步或者九步，不要求自己一点杂念也没有，不把八卦走转当成与他人比高低的神奇武功。但是在锻炼之前，内心要有“反正我这样转圈走就能取得很好的健身效果”的念头，要有“这是真正的程式八卦掌，是让我身心健康的宝贝”的概念，但是走转的时候所有的奢望和杂念都要抛到一边去。如是一个月或者三个月走下来，精神上就会逐渐放松了。这样，再进一步地去规范自己的身心，使之归到十六句口诀的境界中就可以了。

第三，不要有出偏念头。气功修炼者练静功时会出现幻听幻视等气化反应，这时候，如果受自己的想得到特异功能、变成超人、出人头地等贪念的影响，有些人会出现神不役气的情况，这是一种出偏现象。还有一种情况和所谓的气功“大师”们有关。这些所谓的大师们本身不懂中华道统文化，但是却想借“气功”之名涉足健康产业，于是，翻一翻古书，拼凑出那种两腿一盘、单单锻炼头部的所谓“高级”的“另一个世界”的歪理邪说来蛊惑人心。这样不懂得生理变化、气机变化、情绪变化的所谓“气功”就会引诱和诱发出一批出偏者。此外，还有一种人只是想锻炼锻炼身体，但是，听说练“气功”会出偏，尽管她（他）并没有练“气功”或只是练武术、体操等，由于自己听说有出偏的事情，就天天担心，结果担心来担心去（一旦身体有了不适），就把自己给吓唬得出偏了。

八卦走转的时候要求自然随意、精神平稳、凝神静气，这是武术中八卦掌的基本练法，还没有见到练八卦掌出偏的事例。

内向性的锻炼是髓核

问：半小时遛弯散步和半小时“走转”保健效果不同吗？为什么？

绝对不同。一般人遛弯散步，是一种不自觉的、没有多少知识含量和内涵的行为，是一种本能的生理行为。在溜达的过程中，其意识状态并不宁静，还有许多杂念，也许还东看看、西看看，这样神气是向外耗散的，是一种外向性的锻炼方式；而八卦走转是一种自觉无为的身心修养过程，在这个过程中，由于一定的约束和要求，能使人进入一种自由的头脑宁静、精神专一的状态，这种状态就是一种古人修道修真的入静状态，这样容易符合顺项提顶、含胸拔背、合膝舒胯的要领，这个要领保持不变，会逐渐使气血有序化程度强化起来，从而改变身心状态——这是一种内向性的锻炼。

这里面内涵很丰富，不是一句话两句话就能阐述得很清楚的。如果你不去体验，就永远不能感觉到，也就很难理解；而如果你去体验了，不用说，就会真正地理解它了。自古以来，许多经典都试图把这些内容表达清楚，但是至今也没有达成一个标准，因为人的思想、言行、身体太复杂了。不过，有功夫的老师一般都认为内向性的锻炼是最根本的途径。

左右转不要太频繁

问：八步一圈还是随意走几分钟再左右转，其效果是否相同？

这个要按照你一次转多少时间计算。如果一次走转 1 小时，则转大约半小时的时候再转身，比如，一开始身体左侧在里（靠里面圈的中心），转身后，则身体右侧在里（靠里面圈的中心）。这样做的目的就是让人的气血有序化。一般来说，变化越多，气血形成有序化的过程就越漫长。

初期走转头晕不要怕

问：练习八卦走转时，为什么会头晕？是否和这个随圆转圈有关系？

这是体质较弱或者很少运动的原因，一般在初学者中比较常见。头晕和随圆转圈有关系。以前你从来没有进行过这样的运动，所以一开始可能会不适应。不过不要紧张，走一段时间就好了。如果头晕，就休息一下再走；此外，还可以把步伐放得慢一些，这些都会缓解头晕。等练到不头晕了，就证明您的健康层次比以前有了提高。

走不稳的原因

问：八卦走转时走步是否要稳？有时走转不稳是为什么？

出现走不稳的现象，主要是由于精神紧张，身体没有放松，以及过于认真造成的。解决办法：不要有我要锻炼或者练功的念头，要特别随意，就好像我们平时走路、散步一般的去落步、去行走。

走就比不走好

问：每天走转 1 小时，可否上下午各走半小时？

一般要求一次达到 1 小时，这样才能较快地使身体发生变化，才能有效地提高健康层次。当然，如果时间少，这样做也可以。总之，走就比不走好。

一睁一闭为阴阳

问：开始和最后放松转圈时，可否张开眼睛？

其实一直要求睁着眼睛，否则“凝视前方平落处”就是一句空话了。眼睛睁着能做到“视而不见”，就能入到精神专一的境界了。此外，根据人本身的自然习惯，人在白天理所当然就应该一睁一闭，这是眼睛的一阳一阴。阴阳规律不是谁规定的，而是人的一种本具的描述，因此走转的时候一定要自然。走转的关键不在于睁眼和闭眼，而在于是否能进入这种宁静的状态。

附录

八卦走转为什么效果好[①]

文 / 蓝　晟

今天讲解一下八卦走转为什么效果好。

八卦走转是我们重点传播的一个内容。

八卦走转的历史比较久远，传说最早来源于道家，在道家被称为“混元一气圈”，这是从功用上来分析的；在本体上则称为“转天尊”。

后来，董海川传授的八卦掌基本功就是八卦走转，简称走圈。

董海川的徒弟程廷华就练一个走圈，练出了天下无敌的功夫。所以，请不要小看八卦走转的简单。

我们这个八卦走转，是铁恩方老师经过七八十年八卦掌的习练，到了 85 岁的时候，把八卦掌的动作、招法去掉，抽出核心内容而形成的。

八卦走转的动作姿势就一个，但内涵丰富，讲究“得其一，万法毕”，把八卦走转的一个方法学到了，收获是多方面的。

经十多年的传授，目前国内外已有数千人习练了八卦走转，我们总结一下，发现八卦走转能给人带来全面效益。

① 根据2011年9月在智勇文化学院国学太极馆（深圳馆）的讲座内容整理。

◎ 本书作者在意大利驻中国大使馆传授八卦走转

第一，祛病效益明显。从学员的回馈信息来看，八卦走转对一些慢性疾病有很好的治疗效果，像高血压、心脏病、糖尿病、心脑血管病、前列腺问题、类风湿、脂肪肝、便秘、胃病等。如果能长时间坚持习练，大多数这样的疾病会痊愈，并且好得特别快。比如心肌梗死，发现症状以后下功夫练这个走圈（八卦走转），身体很快就会获得改善，甚至根本就不用做搭桥手术。像糖尿病患者，也有所有指标恢复正常的，据我所知，已有三个这样的病例了。一共就接触了这么三个糖尿病患者，效果全出来了。我们有个学员经过一年半的练习，某一天肝胆位置疼，结果胆结石排出来了。她不相信，去四个不同的医院拍片子，结果证明，胆结石确实没有了。

第二，纠偏作用好。某些练气功、练武术的，出现了某种偏差，比如中宫闯黄——所谓的走火入魔；练武术练得胸闷或遍体鳞伤。练八卦走转可以把这些偏差纠正过来。有一个从特种部队过来的学员，由于练硬气功，劈砖、抗击打，结果气机偏了，在身体里面乱窜，怎么也调理不好，转业后专门去学中医，也治不好，到我们这里练了两个月八卦走转，气机就顺过来了。还有一个安徽省武术队的，叫小包，她练武术练得胸闷，来我们这里学习。一开始她还说："蓝老师，您能否教一点能让人流汗的功夫？"我说："我们这儿没有流汗的功夫，是自然而然、轻松自然地长功夫。"为什么呢？中医讲，汗与血同源，如果汗流得多，血也会少的。我说："不需要流很多的汗，就这么走就行了。"她走了一个月，没什么大的变化，因为是年轻人嘛，才 26 岁，身体还好。结果到了第二个月，有一天走着走着，她感觉胸部空荡荡的，空了以后，豁然发现练武术时形成的胸闷消失了。还有一个散打运动员，身体很多地方有伤，他不是面授，只是参加"八卦走转与中华文化"函授，练了三个月后，打电话过来告诉我以前的内伤都好了，甚至淤血都自行化开了。所以说，八卦走转能纠偏。

第三，可以推迟衰老。有一位老人家，眼球是浑浊的，脉搏每分钟跳 46 下，医院甚至下过病危通知，说他衰老得不行了。他到我这儿来学练八卦走转，一开始练 5 分钟就需休息 15 分钟，体力非常差。经过一年半的练习，他身上所有的病都痊愈了；眼神变得非常清澈，有点返老还童了；他原来的白发，现在已有一大半变黑了。

第四，减肥效果显著。在我们传播八卦走转的过程中，还创造了很多减肥纤体的奇迹。香港有个歌唱家，有一年专门跑到我们这里学习。她特别胖，来了以后，我说我这里很多东西可以学练，内容很丰富，但如果想学我的东西，你先问一下自己，学练的目的是什么？她说想减肥。我说好，就教你这个，因为你的目的是减肥。她就开始练八卦走转，每天练五六个小时，一个月下来，体重减了 25 斤，这是因为她特别胖，所以减肥效果特别明显。回到香港，她继续走转，又减掉 20 多斤。她来电话告诉我说，以前在香港坐电柜公交车（所谓的有轨电车），心里总害怕，因为太胖，挤不上去，现在则变得特别灵活了，一下子就上去了。所以我们说，八卦走转减肥效果显著。

第五，提高思维敏捷度。这方面有很多实例。比如，有些老人家出现老年痴呆症征兆时，最好能赶快练一练八卦走转，因为八卦走转可预防老年痴呆症，延缓罹患老年痴呆症的时间。还有的人，有问题想不明白，可边练八卦走转边想问题，走 1 小时，想 1 小时，这相当于行走中的思维修，也许走着走着问题就一下子想明白了，思绪豁然开朗、豁然贯通。

第六，可作为太极拳的基本功。八卦走转不仅仅是祛病延年、推迟衰老、提高记忆力的方法，还是武学的基本功。练八卦走转可练出武功所要求的间架结构。练八卦走转时，要求虚灵顶劲、气沉丹田、含胸拔背，这样就会形成很好的功夫修为。这个间架结构不单单会使得内气不耗散，而且，内外之气还会自然往中间聚——“气聚身沉抱”，气是往中间聚的，而且是向下沉的，不是上浮的。练习之后，能把身体的敏感度练出来；如果深入练下去，还可以强化身体的通透度。武术和太极拳最讲究的就是通透度，或者叫身体的流动量，就是气血的流通，所以说，八卦走转能把人的这方面的能力强化起来。此外，八卦走转还有利于松腰，能帮助练功者、练太极拳者把腰松开。腰是躯体的主宰，腰松开了之后，上下气能通达无碍。八卦走转还能促进人体的血液循环，人体的心脏好像一个泵，血从心脏出来，流到脚上，到脚上之后必须有压力才能往回返，返到头里边、回到心脏。走转时，脚的一起一落就好像给躯体打气一样，提供压力，促进血液循环。很多人原来患脑血管疾病为什么能好呢？就是因为促进了身体的血液循环，这样叫“气血流通，百病不生”。如果想百病不生，一定要从促进气血流通上入手。此外，人体的脚部有身体的全部反射区。练 1 小时八卦走转，相当于给自己按摩 1 小时，给足底反射区按摩 1 小时，而且这种按摩一点都没有外界横加过来的损伤，是没有副作用的。有一个 27 岁的女孩，整个脚底特别硬，身体总不舒服，因为脚掌硬阻碍了血液循环。她练了一个半月的八卦走转，脚脱了一层皮，整个脚变得特别细腻，身体一下子舒服了许多。这是脚上的改变带来的生理以及心理的改变。她以前总做足底按摩，都没出现这个效果。

第七，变人体“上实下虚”为人体“下实上虚”。现代人一般都是下半身气的流通不好，上半身则气血流通太过——忙碌、思考、精神紧张，气血在上半身停留得比较多。但如果想获得真正的健康，应该上半身虚灵、下半身充实才好。人的生命之根在哪儿？人的生命之根在头顶。植物的根在脚，植物的根扎到地上，所以植物的智慧程度最低。一般动物的根在头，但动物的头多在前面，所以动物的智慧程度比植物高了很多。唯独人的生命之根在头且在上面，气机要达到变化，人就要头顶蓝天，和虚空融合到一起，所以人是最有智慧的。在走转的过程中，要求头尽量往上领，就是把这个根立好。下面呢，腿是往下沉的，这样上下可形成对拉拔长。特别奇怪的是，虽然是在走路，上半身却一点不动，但血液能走到头部去，能把人的智慧开了，因此，在八卦走转的歌诀中有一句“明心见性智慧融”——最重要的，是开发智慧，这是它最核心的效益。此外，一般人上半身的气都浮着，不容易沉下来——不容易做到气沉丹田，所以很多人中年之后爱生气，受外界的一点刺激，气就会“腾”一下起来。为什么呢？是 因为他的气是往上浮的。通过练习八卦走转，气可以很好地沉到下丹田，沉到大地去，交给大地。这时候，外界的刺激和体内上扬的火气可实现应物不接、不融合，这样，心气就能沉下去，转化开。日久天长地练八卦走转，慢慢地情绪就会趋向于平和。情绪平和之后，气机就会非常和谐。有一位老人家原来每月吃一千多块钱保健品，练了八卦走转三个月后，保健品就不吃了，她说能感觉到心沉下来了。以前遇到事一紧张，就把心提到嗓子眼去了。遇到事不把心揪到嗓子眼，就是心能沉到肚子里——下丹田的表现，这是古人的说法。她说以前总和她女儿吵架，一吵架就发火，可是练八卦走转之后，有一次她女儿又和她吵架，但她火气一点没起来，感觉身体内的火气没有了。这是通过八卦走转的调节，阴阳很好地实现平衡的外显，因此才产生这样的改变。

为什么八卦走转这么简单的动作会有这么大的效益呢？

八卦走转效果好的最重要原因就是有道统的传承，它来自历代老前辈、数百年经验的积累。

八卦掌在中国，尤其是北京南城流传了近三百年，已传到第七代、第八代了。在这个传承过程中，每一代八卦掌前辈都用自己的生命活动实践来充实它、丰富它、提炼它，最后提炼出一个大道至简的方法，化烦琐为简易，化招数为无招数，化有为为无为，化有力为不用力，化武功为养生。铁恩方老师是八卦掌第五代传人，15 岁练八卦掌，练到 85 岁的时候，把它单独提出来，形成了八卦走转——就一个动作姿势，然而心法却有很多。铁老反复强调，要好好练八卦走转，久转功自成。但又出现了一个问题，由于八卦走转特别简单，人们往往不重视它——走转是易行难信之法；然而，铁老的实践证明这个方法很不简单，铁老练这个八卦走转，一生没有病，五脏六腑到过世的时候也没有什么病变，只是气弱了、体衰了。

也就是说，八卦走转在数百年时间长河的积淀下，已经经过成百上千人的实践——解决了科学界所言的科学实验重复性的问题。因此，我们说八卦走转有科学依据。

八卦走转为什么能取得这么好的效果呢？还有一个重要的因素。古人云：人体要有四大，四大要皆空。四大皆空了以后干什么呢？空空荡荡，不受束缚。

实际上，人衰老是从腿上先衰老，所以如果想养生，一定要从腿上开始练，这样才能有很好的推迟衰老的效果。四大首先是地大。地大，古人指的是身体，身体起支撑作用，地大中最重要的是两腿，八卦走转一开始练的就是两腿。此外，它又不仅仅是两腿，因为两臂还要环抱，两臂的环抱也有支撑作用。在走的过程中，姿势一成不变，但是，这个圈又是在无限循环地转动。八卦走转之所以能取得好的效果，就在于它无限循环，无限重复，重复才是成功之母。身体里边的气是风，意识活动是火，流通的血液是水。八卦走转走到一定程度，这些都能得到锻炼，而且，要走到忘记在走，这就是功夫修为的四大皆空。

功夫界有很多姿势，任何一个姿势好好练都能取得很好的效果。但是，由于人自身喜新厌旧的习惯，学功夫的时候往往喜欢这个姿势变成那个姿势，那个姿势又变成另一个姿势，还没有在身体里面达到有序化，结果姿势又变了。

为什么八卦走转每次最少要达到半小时，最好能达到 1 小时呢？就是在 1 小时内能够走上几十圈、上百圈——重复为功。此外，还有一个原因就是气血在人体经络流通一遍的时间大约为 28 分钟，1 小时气血可流通两遍。

最早练这个功夫的时候，我到了拳场，老师说："你来了，走圈吧。"走多长时间呢？最少要走俩小时。走的时候老师不管你了，老师练自己的东西，那么，学生就要走俩小时。走完了之后，老师说累不累啊，不累，再增加 1 小时。学生就得走 3 个小时。如果老师说再加 1 小时，那么学生一早上就要走 4 个小时。4 个小时后，身体的变化就非常大。

不过，对于初学者，不建议一开始就走 4 个小时，特别是在没有老师指导的情况下。

走 1 小时、2 小时就可以了，甚至走 30 分钟、10 分钟都可以。开始阶段，时间不要太长，要随着体力的增加而增加。

简单的动作重复做，就会形成身体的有序化。

两脚一上一下不断地运动，会促进周身气血循环，好像以前气功、丹道功里面讲的周天循环。

八卦走转不需要更多的姿势，两手往这一放叫单摆浮搁，就是手往这一放不管它，像浮在东西上一样。这样气血就会往指尖上聚，有很多人走着走着会觉得手指胀胀的，很舒服，说明气血已经达到了指尖。大家知道，人的气血最难达到的地方是四肢的末端——就是两手、两脚。那么这个走，会很好地帮助气血抵达末端。

有个非常敏感的人，一练八卦走转就感觉到能量依着身体的某些路线行走，感觉有气沿着一条线往下走，往两腿上走。走转结束之后，拿来经络图一对照，发现能量基本上是按照经络路线行走的。

人体的经络不要去特意找，也不要去有意识地引导，它会自动按照经络的路线运行，这也是我们在实践中发现的。

这些年有数千人练八卦走转，我们注意总结了一些人的体会，所以我们现在讲八卦走转的练法和经验都有了跃迁。

很多人的实践证明，八卦走转效果非常好，所以，我们要大力推广八卦走转。

八卦走转：让我身心净化的大道之行

文／高秀玲[①] 点评／蓝 晟

2005 年 8 月 1 日，我开始习练八卦走转。通过 8 个多月的走转，我的身心得到了优化，既治了身体的病，又净化了心灵。（蓝晟点评：高秀玲是智勇文化学院前身北京混元文化传播中心混元三合一馆［国学馆、太极馆、瑜伽馆］的一名会员。通过 8 个多月的八卦走转，她简直像是换了一个人似的，很多疾病都痊愈了，真让人高兴。）

没练习八卦走转之前，我一身病。退休 12 年，曾选择了 10 多种保健品来保养身体；学练了气功，并每天到公园散步 1 小时，但祛病健身的效果却不大。随着年龄的增长，病开始找人，我不断地增添各种疾病——冠心病、高血压、高血脂、高血糖、右侧头痛、眼底病、脂肪肝、肥胖症、胯膝肿痛等。这个时候自己蹲不下，坐不下，上下楼都比较困难。

我在 2003 年“非典”期间被对流风吹了头，从那时开始，右半边头痛、头昏，看了中医，吃了很多药，只起了缓解作用，没治好，后来经常靠通络活血的中药解痛。走转 1 个多月后，突然出现边走转边出冷汗的现象。这种现象持续了 10 多天，出冷

① 作者系航空航天系统退休员工。

汗时感觉穴位处冒凉气，连眼睛也在流冰凉的眼泪，直到后来不出凉汗而出热汗了，此时，整个胸腔热乎乎的。经过几次攻冲病灶的反应，现在头疼、头昏的毛病好了，我已几个月没吃治头疼的药了。（蓝晟点评：刚来的时候，我就对她通过八卦走转的方式健身健心很有信心。不过，我知道多种疾病缠身的人如果练八卦走转一次时间过长，可能会出现一些排病毒、攻冲病灶的反应。这些反应因病人的病情而表现各异，身体没有疾病的健康人这些反应很少出现。通过八卦走转的练习，不知不觉中就能促进血液循环，使得身体内的正气充盈起来；充盈的正气和侵入体内的毒素、邪气会发生“遭遇战”。在这场“遭遇战”中，身体这个战场会出现特殊的生理生化变化［攻冲病灶、排病毒等］。但是，产生什么样的生理生化变化却并不是能提前预知的，因为人的个体性差异太大了。不过，“遭遇战”结束之后［如果不中断八卦走转的锻炼］，有些疾病就会痊愈［以医院检查为准］。）

2004 年我的眼睛生病了，经医生诊断为眼底黄斑、轻度白内障、眼底动脉硬化，虽然经过一年的治疗，病情稳定了，但看东西模糊，看书报字迹显得很淡。在八卦走转过程中，多次流冰凉的眼泪，往外冒凉气；如今，眼睛一片明亮，60 多岁的人了，看书报不用戴眼镜，字迹也不再觉得淡了，一切都恢复了正常。

刚开始来到混元文化三合一馆参加活动的时候，大家都席地而坐，而我却连马扎、小凳子、沙发都坐不下，只能偎靠在沙发上，经过两个多月的八卦走转，我在 10 月 20 日也可以做到席地而坐了。现在我可以席地而坐两个小时，自己的进步还是蛮大的。这件事让我惊喜。因为八卦走转的锻炼，我松了腰胯，肚子变小了，甚至连脊柱都比以前直了。我练八卦走转第一个月体重就减了 6 斤。

我患高血压、冠心病已有十几年了，靠药维持着。高血压 160/100 毫米汞柱，经过 8 个多月的八卦走转，我的血压现已恢复最佳状态，为 110/70 毫米汞柱。我坚信，通过坚持不懈地八卦走转，我的冠心病也会彻底治好的，目前我已有 3 个多月没吃心脏病药了。

我在练八卦走转 3 个月的时候，到宣武医院做了十几项生理指标的化验，只有低密度脂蛋白不正常，其他项目都正常了。低密度脂蛋白 2003 年化验结果是 420。这次化验结果是 154，尽管这项还不正常，但和以前比已然好了很多。

我的脂肪肝是中度，有十来年了，开始只是偶尔肝区和两肋痛，发展到后来经常痛，两肋胀痛，很难受，又没有根治的药。刚开始走转，就出现了“攻冲”肝脏的现象，8 个月来，冲了 7 次，开始十几天才好一些，现在只要一天就好了。今年春天，肝区两肋痛的次数少了很多，只出现两次，每次只一天就好了。每次冲过后，肝上的脂肪就被排出一些。我的信心越来越足了，脂肪肝一定能实现完全的痊愈。

通过 8 个多月的走转，腿越来越觉得轻松了。以前，从大腿到小腿都有被捆绑的感觉，两腿肿胀，弯曲困难；平时两腿并拢站一会儿就疼痛难忍了。通过这 8 个多月的走转，两腿的肿胀基本上消了，只有右腿小腿还有一点。现在两腿并拢站半小时一动不动也不觉得累了。

八卦走转也打通了我的指趾末梢。由于患有血液黏稠病十来年，在医院做血常规化验扎针时手指都不见血，要使劲挤才能挤出一滴黑乎乎的血。今年春节大年初一早上，我开冰箱准备做饭，谁知门刚打开，一个碗就滑落下来，我急忙接住，当时只感觉手热乎乎的，仔细一看，是右手第四指第一节被划破了，鲜红的血流了很多。大年初一划破了手，心里有些懊恼；但看到鲜红的血，心里又很高兴，这不是多年来我一直企盼的吗？八卦走转真神奇，使得我的气血可以冲达末梢了，我的微循环已逐渐恢复正常了。

最近我发现练太极拳的时候，听老师的口令词听得清楚了。以往老师声音低时，我就听不见了，最近听清楚了，声音好像从远处传来似的。看来八卦走转还能改善听力。真没有想到。

在这8个多月的八卦走转过程中，我的性格也逐渐地发生了变化。以前爱着急，什么事不顺心就不高兴。开始练八卦走转时总是静不下来，杂念丛生，有一点声音也能干扰我。后来我的心态发生了很大的变化，变得心平气和了，我能以愉悦的心情和家人、朋友相处了。（蓝晟点评：以上内容，是高秀玲经8个多月的八卦走转锻炼，身心获得健康的真实记录。为什么八卦走转能让这么多的疾病痊愈呢？我认为很值得研究。当代人追逐时尚，热衷于学练繁杂难学的健身术；喜欢各类保健品；或者把治疗疾病的希望完全寄托在医院和医生身上，自己没有一丝一毫的主动挑战精神。于是，各种保健品、健身法越来越多，医院越建越豪华，然而很多人的疾病依然难以治愈。八卦走转来源于中国武学之内家拳中的八卦掌，它剔除了武学的技击内涵，发扬了其养生保健的功效，产生这么好的效果，原因何在？原因就是姿势简单，加之不断地重复、重复。西方成功学认为，“重复是成功之母”。这样，就容易在体内形成有序化，有序化程度一高，则正气就容易上身。正气存内，邪不可干，这是真实不虚的真理啊！治病求本，应作如是观。）

8个多月的八卦走转，我是在攻冲病灶的洗礼中逐步走向健康的。

在练八卦走转的8个多月中，身体内在出现了很多特殊的反应。

最先冲的病灶是左胸。我的左胸疼痛、胸闷，并常伸长脖子出口长气。8月底晚上走转之后休息，2小时后被憋醒，咳嗽。开始我以为心脏病发了，含了药，无用。我就想可能是肺的原因，就在卫生间使劲咳嗽，吐出了5口血痰，吐后胸就不再痛了，也不闷了。

冬天在家练八卦走转，一天走3小时。由于增加了时间和强度，我曾经出现口腔黏膜脱落3次的现象，但是这之后，有些萎缩的牙龈现在正常了。在此期间，我的味觉也在发生变化，有几天口味很咸，就算吃白饭都是咸的；又有几天感觉甜甜的；过了几天又满嘴苦苦的。我感觉很奇怪，八卦走转竟能让口腔发生这么多的变化。

在8个多月的八卦走转过程中，我发过三次烧。第一次在是2005年12月中旬，我每天定时高烧，早晨5点到9点钟，感觉难受，测体温38℃多，9点以后就不烧了；到下午4点多人开始发冷，到6点多钟时，体温39℃，一直到晚上9点多钟，以后就不烧了。这种情况一直持续了5天，在这5天中我没有感冒的迹象，不咳嗽，没有头痛，没有流鼻涕，也没有周身的酸痛，只是没劲。发烧的第二天我到医院急诊科就医，做了血常规检查，有几项指标偏高，医生对胸背、两肋听诊，未发现有异常现象。医生开的消炎药、退烧药吃了也没用。一直烧了5天，我只好给蓝晟老师打电话，想问问什么原因。谁知道打过电话，烧就退了，下午6点钟测体温只有35℃了。

第二次发烧是发生在4月13日。当时鼻子不通，咳嗽，流了三天浓液状的鼻涕，三天就好了。这次咳嗽得很厉害，痰很多，而且发烧到38℃，到医院看病，化验了血常规，正常；拍了X光片，左肺下有感染。用了药，发烧两天就好了。第三次发烧是在4月底。不过，过了五一就好了。（蓝晟点评：医院治不好的疾病，练八卦走转痊愈了，这里边的科学机理还有待研究。不过，天下没有掉馅饼的事情，有些慢性病、疑难病由于身体里堵塞严重［中医讲痛则不通］，气血不能很好地流通，加之常年不健康的生活方式，淤积的杂质、病毒较多，通过八卦走转，这些堵塞、不通畅的地方要通畅，淤积的杂质、病毒要排除，所以，会出现高秀玲这样的排病毒、攻冲病灶反应。但是，对于病人来说，也不用过分担心。因为并不是每一个人都会出现这样的反应；此外，如果按照循序渐进的方式，一点点加大运动量，内在的反应就会轻微一些［相应的，疾病痊愈的时间就会长一些］。对于健康人，这种反应可能不会出现，或者出现的概率很低。出现了这种反应，我们建议首先要做到精神不紧张，先到医院做一下检查，如果不是什么疾病的原因，则继续安安心心地走转就可以，只是走转的强度和时间可略略降低一下和缩短一下。）

八卦走转确实是祛病强身的好方法。在这么短的时间里，竟使我逐渐地健康了起来。我走在大街上，看看那些弯腰驼背、步履艰难的老太太，我就常想，要不是八卦走转，用不了几年，我也会像她们那样了。我庆幸自己认识了蓝晟老师，并学到了铁恩方老先生所传授的这么好的方法。我决心生命不息走转不止。

千里取回平安经，八卦走转救母亲

文／梦　杳[①]　点评／蓝　晟

北京，儿时怀抱着崇敬之心想象中的都市，与我的家乡山西宁武小城相隔遥遥千里，而今，我坐在飞驰的列车上，正在迅速地向它靠近！这是第一次到北京，走过南而未闯过北的我，也不免有些新奇和激动，更让我动心的是，此去是为了求取“真经”。说起取经，不由人想起唐玄奘的故事，此刻的我，虽无法与大德相比，然而，大海自有浩瀚深沉的伟大，小水珠也具有相同的水性啊！想到此，心里甚感欣慰和喜乐！

那是 2006 年 4 月底的一天，朋友介绍了一个学习内功太极拳的地方，真使人惊喜若狂。记得是 2001 年的夏天我才接触太极拳，练了几年，也没什么功夫，经了解，有人练了十几年、二十年也没有功夫，不由得使人祈望能学到一种真正的、出功夫的太极拳，这回总算如愿以偿了。

我于 30 日到达北京，报到的第一天，蓝晟老师就提出了太极拳的“半阴半阳”。以前也曾听说过，但不解其意，原来是精气神和形体动作各占一半，使人茅塞顿开。通过 25 天的学习，我不仅学会了内功太极拳，还学了一个祛病健身、长功悟道的功

---

① 本文作者为山西宁武县中医大夫，曾两次来智勇文化学院（前身为北京混元文化三合一馆）进修内功太极拳、八卦走转。

法——八卦走转。

八卦走转来源于程式八卦掌，由第五代传人铁恩方老先生传授给蓝晟老师，我辈方有缘得其奥义，老先生还把其方法要领、作用和境界编成了口诀（十六句口诀），以指导晚辈习练。此外，蓝晟老师在《健康成功学》一书中也作了详细的介绍，可谓口授心传加笔示。教者用心良苦，学者岂可懈怠。经 20 多天的努力学习和体验，我熟练掌握了八卦走转的方法和要领，并有浑然一体、上下一致、全身膨胀的整体感，太妙了。那是文字无法表达的一种充实和愉悦感。5 月 26 日，这种玄妙感护送我回到了家乡。**（蓝晟点评：八卦走转内在的体会，确实是文字所无法描述的。必须练之才能有收获。）**

说来真巧，回家正赶上 81 岁的母亲肚子胀痛，尤其是中午 11 点至 13 点，下午 19 点至 21 点，疼痛剧烈，呈弓形侧卧，蜷缩成一团，四肢冰凉，汗出如流，不停地呻吟，进食后胀痛更甚，因此，视吃饭如纳毒，已两天卧炕不起。

根据病情，我初步诊断母亲患了胃下垂，施之针灸，中西药并用，如此三天，疼痛时间减少半小时，程度略有缓解，但仍未见大效。家兄和妹妹怀疑是恶性病，于是到县医院做 B 超检查，确诊为胃下垂，家人才松了一口气，然而我的心情并不轻松。有一位医务工作者，30 多岁患胃下垂，至今 5 年余，经常药不离口，食不过饱，稍有不慎，即腹痛难耐。我母亲已 81 岁高龄，后果会怎样呢？定然是疼痛相随，药物为伴，饮食不饱，半死不活地度此残生。

这天晚上，我彻夜未眠，望着暗淡的天花板，傻呆呆地愣神。在远离城市的山村，宁静得连大气都不敢喘，只零星地传来几声犬吠，招呼着过往的神灵……忽然我眼前一亮，闪出一个念头，让老母亲试试八卦走转怎么样？这也许是一种灵感，我一阵兴奋，如释重负，只盼望早点天亮。**（蓝晟点评：俗话说“有病**

乱投医”，然而，八卦走转不是医生，却被医生选择作为治病的工具。）

第二天上午 8 点半左右是病情最轻的时候，我搀扶着母亲在院子里学走转，一步，两步，三步，一圈又一圈，坚持到第五圈，她感到累了，我就扶着她坐下休息，十分钟后再走。就这样走走停停，坚持到 30 圈，回屋卧炕休息。要命的中午到了，11 点 10 分、11 点 20 分、11 点 30 分、11 点 40 分，没有明显发作；11 点 45 分至 12 点 20 分，开始觉得明显疼痛，痛的程度较前大有减轻，由 2 小时缩短到 35 分钟；下午 19 点以后，也同样在时间和程度上大有改善，全家人脸上露出了笑容。此时，我才真的松了一口气。就这样，每天坚持走转，天天有进步。到第三天，就不需要搀扶了；第五天仅隐隐作痛；第六天疼痛全部消失，一团愁云才从此消散。（蓝晟点评：为什么会有效果？通过走转，让气血流通了起来，调动了患者自身的生机，并与流通的气血实现应和、相互提升。一般情况下，病人到医院，所有的希望都放在了医生和医院的身上，自身的生机却不容易调动起来。调动人自身的生机，实现生命活动质量的自动优化，才是我辈练八卦走转的意义所在。）

此后，我母亲继续坚持练八卦走转，现在身体健康无病，仍旧操持着家务，真是：

针药并用使尽巧，腹痛不止时难熬；
八卦走转显神奇，犹如烈日把雪消。

八卦走转有如此神奇的治病效果，说与人听，其他人竟不敢相信。叹惜之余，猛然感受到一种时代的责任：中华传统文化的瑰宝，召唤着我们去挖掘，去发扬光大，造福人类。

短短一个月，八卦走转显神奇

文／慕全干

练八卦走转是一件很惬意的事情。两眼凝视前方，精神就提得起，头脑里面很清净，感觉全身内外相通如一整体。没有走的意识，人像一个气球沿着固定的轨道前行，走转形成自然而然的圆，走大大不了，走小小不了，慢慢圆圈也没有了，时间概念也没有了，人未走却在行，个中景致美不胜收。

2007 年 8 月 22 日，是我们山东荣成健身爱好者难忘的日子。蓝晟老师在威海大庆电力集团讲学，停留短短 27 个小时，他抽空到荣成讲授健康成功学、太极文化及八卦走转。

蓝晟老师介绍完八卦走转之后，我们荣成市有 40 多人开始学练八卦走转。短短一个月时间，有些人已经走出效果了：

周志勇，男，77 岁，走转后全身轻松，以前练功胸闷憋气的症状完全消失；

王凤英，女，71 岁，以前头晕睡眠不好，走转一个月基本好了；

张华兰，女，67 岁，走转治好了晕车和手发胀的毛病；

曲光廷，男，68 岁，老伴江德水，70 岁，走转使步伐稳当，脚下扎根；

卢玉峰，男，76 岁，每天走转两小时，蹲起 90 个，右腿痛好了；

张夕芹，女，67 岁，原有妇科病，不能坐凉地，不能吃凉食，走转一个月都好了；

张华珍，女，68 岁，走转自感身体很爽；

王玉喜，男，68 岁，脚后跟的老皮褪去一层。

有了这些成绩，大家的信心更足了。不足之处也有，就是年轻人还很少有人练八卦走转。据蓝晟老师介绍，年轻人练八卦走转，可有效预防亚健康。

来源于中华内家拳程式八卦掌基本功之一的八卦走转，在 90 多岁依然身体健康的铁恩方先生传授下，由蓝晟老师传承——在流传了 260 多年之后，终于开始为普通大众服务了。本人还有很多体会和心得，想写出来却难以表达，就以自勉的顺口溜，来表达一下我对内功太极拳及八卦走转的认识吧：

神宁体松舒，意动气环注；
阴阳孕化忽，无极定慧悟。
心阔宇宙顾，一生勤持度；
终果无须数，尽享康乐福。

大道至简，泽被身心

文 / 蔚　澜[①]

一

八卦走转，转的是一个圆。地球是圆的，月亮是圆的，太阳也是圆的；月亮绕着地球转，地球绕着太阳转，它们转出的轨迹还是个圆。正因为转圆产生的磁力、引力，而使得众星体各安其位，各行其道，并且始终遵循着同一的规则运行。可以说，圆代表着宇宙运行的基本规律，或者叫作根本法则。人是宇宙的自然产物，因而“人是小宇宙”之说顺理成章。可见，圆也同样代表着人的生命活动。练八卦走转从这里入手，岂不就找到了根？

八卦走转中还有一个关键字，那就是“走”。人脱离动物界的一个重要标志是直立行走。自从直立行走之后，人的整个体重就压在两条腿上了。练“八卦走转”首先要壮的是人的两条腿——根本。

人和自然界的树木一样，根本壮了，枝叶就茂盛；根本衰了，枝叶便萎谢。作为指挥生命活动的总司令部——大脑，位于人的生命之树的顶端，其根本的壮与衰，不能不影响到总司令的指挥

① 作者系徐州市养生文化研究者、八卦走转练习者。

力度，不能不关系到整体的一枝一叶。要想枝叶旺，必须根本壮。如果弄反了，只注重枝叶不顾及整体，或者只琢磨表面形体而忽略了深层内涵，走出的结果“事倍功半”倒是小事，弄不巧犯了“着于松，死于形”的大忌可就麻烦了。

现在社会上流传着多种多样的走法，如“直着走，退着走，弹腿走，蹚步走……”不一而足。但唯有八卦走转的走法令人不感觉累，并且越走到后来越觉得轻松，越走到后来越觉得舒适，甚至有不愿意停下来的感觉。这其中的奥妙究竟在哪里呢？

八卦走转其妙就妙在走圆上。“双臂环抱”形成圆，“里直外扣”走成圆，“含胸收腹”括成圆，“上中下”三盘尽归于蕴涵着天地运行规律的圆——人与天合一了。

走，是人的本根属性。任何会走路的人，都天然具备学练八卦走转的深厚功底，只管轻轻松松地按照要领走起来——人与天就能合一。

“凝视前方平落处”的前方终极目的地在哪里呢？用铁老的话说：“在宇宙。”“眼为神之苗”，眼睛引领着人之神，入宇宙中的行走之道——小宇宙与大宇宙合了。

以这种“合”的状态走起来，渐渐地形与神合了，神与道合了，恍恍惚惚，若即若离，忘记了时空，忘记了自我，那种天人合一的境界，还不够妙吗？人入妙境，通体适如，走起来还会累吗？

因此说，抓整体，抓根本，是学练八卦走转之“捷径”。

二

大凡博大精深的文化成果，多具有深入浅出的特征。越是涵盖着带有根本性的大学问、大智慧的文化成就，其表现形式就越显得简易。

简，实质上是一种提炼过程。简而又简，甚至达到“至简”，其提炼的精度是可想而知的。八卦走转没有设计什么高难繁复的套路让你去劳神费力，也没有设置什么神秘莫测的窍点让你去牵肠挂肚，你只管放开手脚自自然然地走下去，它每天都会给你带来意外的惊喜。只一个“走转”就够你走上一辈子。

单说“双臂环抱踏脐前”这一简易的静态姿势，无论男女老幼都能做到。而只要做到了，就会不由自主地去沉肩、坠肘、鼓腕；去含胸、拔背、收腹，在不知不觉中就完成了一系列内功修养的全部要领。这样一来，上盘腕部的“神门”打开了，与外气交融；腰自然向后放松，从而拉直中盘的脊柱；气沉丹田也便水到渠成了。一个姿势管着上、中二盘，牵一发几乎动全身，这还不够简要吗？

再说一个下盘的行走。“里直外扣”，“平起轻落”，一动起来就牵出一连串的掩裆、合膝、扣步、含脚心，起脚为阳，落脚是阴，一起一落，有节律地孕育着阴阳，让地气自然而然地顺畅通过脚底的地门（涌泉穴），抵达腰间的命门，注入脐后气门（丹田），联结四肢百骸，周而复始地涵养着整个身心。一通百通，一荣俱荣。随着时间的推移，“野蛮其体魄，文明其精神”，自然会使你逐日接近光辉的彼岸。这是何等的至简大道啊！

什么是“道”？正如铁老所言：“道，就是前人走出的路。”《八卦走转行功歌》就是铁老延续着他的师父、师祖们走出的路，凝聚了中华传统经典文化精髓铺就的道。“大道至简”这一古训，应当说是八卦走转的真实写照。

正因为如此，如果我们不尊重这个“简”，或者不遵从这个“道”而标新立异，恐怕是难以找到路径的，当然也就难以达到身心修养的理想境界；反之，只要我们不偏离这个道，又明白这个道是怎么走的，拿出绕地球一圈两圈、十圈八圈的劲头来只管走下去，势必道德日隆，人生质量节节攀升，岂不美哉？

无怪乎大家每每谈及练八卦走转的心得时，总免不了说上几句诸如“身上病没了”“走路轻松了”“心绪稳定了”“性情变好了”“脑瓜灵了”之类的话。

三

学练八卦走转，对于大多数远离京城的外地人来说，无论入门或深造，铁恩方老先生的《八卦走转行功歌》都是不可替代的随身老师，求教方便且有问必答。只是这位无声老师所给的答案往往不是仅从字面上加以理解就可以内化吸收的，须得经过“实践——认识——再实践——再认识”的不断深化过程，直到真正读通读懂背后隐含的文字，个中奥妙方可了然于心，用起来也才得心应手。

铁老总结出的歌诀，整体性很强，自洽性很高，可以说字字含要领，句句有链接。学练者不可一味斟字酌句，在单个要领上分别下死功夫，从而忽略了其内在联系和对整体的把握，到头来，抓要领反而不得要领。

歌诀显示：三盘各有要领，各具特色，不可互相替代，而又缺一不可——严谨中暗伏玄机。比如，我们在学练过程中，常常犯难的是顾此失彼：想要满足“踏脐前”的要求，双腕在“双臂环抱”达不到脐前一尺左右的水平位置时，就不得不直臂下按，以按代踏，把“踏脐平”搞成了“按脐平”；如果不下按，就只好把它改为弯腰平脐，这样一来，势必把本应直立的脊柱搞成腰背前倾，以屈代直，肯定做不到顺项提顶。“按下葫芦又起瓢”，忙乱中就把上、中二盘要领都给丢掉了。再看下盘，因为髋关节以上失调，致使膝胯僵直，限制着步幅的伸展，髋关节该旋的旋不到位，膝关节该转的转不够度，踝关节该扣的扣不准步；光想着“舒膝胯”，就是舒不开，光顾着“八步圈”，却不由自主地生拐硬扣，把“平起轻落”搞成脚跟先起而脚掌后蹬，以蹬代提，走起来一顿一挫，左摇右摆，哪里还有什么要领可言？三盘要领尽失，整体协调就更不成了。不过，话又说回来，要想不失三盘要领，还非得从协调整体入手不可。

构成整体的三盘，上、中二盘的接点在肩，中、下二盘的接点在胯，而调控上下二接点的中枢在脐。腰背前倾，说明脐、肩之间的垂直连线与脐、腕之间水平连线的夹角被缩小，使中盘偏离重心；以按代踏，说明脐、腕之间的水平连线被拉短，离中心位置太近，越近其保持平衡的力度越差；膝胯过直，表明胯部离地面过高，从而抬高了脐的重心，重心越高就越不稳。由此可见，联结三盘的两处接点只要有一处与脐的中心位置失当，就会使得三盘整体失衡；而脐的中心位置失当，也会导致三盘失控。看来，协调三盘的关键所在，非脐莫属。这就要求我们首先必须摆正脐的中心位置，发挥它的核心作用。

原先不是脐的重心偏高吗？那就把它适当调低。怎么调呢？把臀部悬出去，把尾闾垂下来。悬臀能使“架子”下落，肩背无须被迫前倾，双臂便可无拘无束地做好环抱平脐的动作；同时，臀部的后移恰好与前展的双臂构成后端的平衡点，还带动着膝关节屈伸度加大，步幅相应加宽，为后脚平起、前脚平落腾出了空间，为掩裆、合膝、扣步解除了滞碍，也为寻求左右的平衡提供了条件；尾闾下垂，与头顶上拔形成二争力，拉直脊柱，取得上下平衡便在情理之中。投一子，满盘皆活。如此，“上下与中平三盘”方可以得到全面落实。不难看出，“悬”在其中起到了启锁通关、统领全局的作用。

其实，无论站桩、走桩，都讲究一个悬的功夫，八卦走转也不例外。什么是悬？四面不倚，八面不靠，居于中者谓之悬。大家不妨试一试，你在三盘里面都加进一个“悬”字，感觉会大不一样。

上盘，肩沉而悬，肘坠而悬，腕踏而悬，使双臂不按也不抬，整个无依无托地悬在那里，轻松之感会油然而生；中盘，头顶上拔而悬，尾闾下垂而悬，被拉直的椎体不俯也不仰，被拉开的椎节不挤也不压，相互不即不离地悬在那里，舒适之感不言而喻；下盘，胯旋而悬，膝转而悬，踝扣而悬，双脚是一前一后悬着划弧出去的，“中空涵”的感觉会显得更为真切。一句话，在每种姿势、每个动作里都注入悬的意念，整体效果将大为改观。

大气有压力，大地有吸力，水中有浮力。人在天地之间，上承压力，下接吸力，要求得平衡之态，健康之躯，有必要主动效仿水的浮力，经常留意体察人在水中的悬浮感、失重感，“周身环节”全放松的舒适感，把它巧妙地用于八卦走转的习练，日渐练就一身松得开、静得下、定得住的真功夫，培补体内的中和之气，培养自身与大自然的亲和之性，养性之中又修命，这大概就是铁老所说的“身心修养走当先”“三盘旋转气为宗”吧！

四

研习铁恩方老先生的《八卦走转行功歌》，越往深处走越觉得铁老是以八卦走转的传道方式指导修炼神、意、气、形，或者说是以神、意、气、形的运化规律指导修炼八卦走转，从练形聚气、以气导形、动意轻灵到以神引气、练气养神，无处不讲究自然法则——有侧重而不强调主次，讲要领而不拘泥程序，分层次而不人为划界；常常是一语双关，甚至一语多关，但却让你处处有迹可循，像一个井然有序的多面体，从不同层面、不同角度、全方位地折射出形、意、气、神四位一位、互为因果的自然体性。

例如“凝视前方平落处”一语，既有导形要领，又含养神秘诀。“平视”是导引脊柱中正直立，头部虚领上顶，尾闾反向下垂，使下身轻松自如，自下而上形松意充，气足神宁；“凝视”

则引领双目聚精会神，视线平着放出去，透过“四正四隅”的障碍物，指向天地交合处，落入茫茫宇宙间——心到神知，那里才是真正“静”的所在，“无”的所在。将神“定”于此境，才有可能对眼前看到的一切、耳旁听到的一切做到视而不见、听而不闻，整个身心沉浸于“中正安舒和定意”“阴阳变化自然中”的八卦走转之中，从而走上“没有才能有”的道。“平视”重在筑基，“凝视”提领进阶，循序渐进，本固神灵。

当然，“知道”并不等于“得道”，中间还有一个把可能变为现实的用功过程，而这一用功过程正是值得我们倾毕生精力探求的内容。对此，有人会认为“说起来容易做起来难”，既点到了问题的实质，又流露出畏难情绪；另有人则认为“世上无难事，只怕有心人”，既不回避问题的实质，又透射出勇于克服困难、敏于以智取胜的光华。有志于高杆前进的人宁肯从其后者，坚持“学道”，深入“悟道”。

可以想见，视而能够不见，听而能够不闻，说明其精力已经集中到了何种程度，其心神也已宁静到了何种程度，受精神支配的视听不再受周围环境的影响，不再分辨空间的大小、时间的长短、声响的高低，打破了常态的时空概念。应当说，这便是“宁心静气”“宁静以致远”的道理所在，是高度集中、高度平和之心态所为。

宁静是一种心态，是心理取向对外界事物抑制、排斥，对内存事物沉淀、过滤，最终取得清纯、透析结果的表象。展现于八卦走转，则是一种自律、自为而达于自然的功夫，即善于从杂乱纷繁的生活际遇中解脱出来，思维模式不是扩散而是收缩，不是从一到多而是从多到一。这个一，叫作专心一意。而专心一意的确立，并非仅凭理念确立便可一蹴而就，尚须借助一定的方略指导才能见效。因此说，“知道”是个条件，“学道”要有方略，“悟道”须经检验。

方略一：无论在什么地点练八卦走转，首先确立中心位置及“架子”的适宜高度，然后取任意一个方向，眼睛平视，以等高目击物的一个点为起始，沿走转的行程划出一道由无数个点（以沿途景物留痕为参照）组成的平形圆线；只要走转不止，眼神就始终盯准这个圆线不放，不往线的上方偏，也不向线的下方斜，也就是不注意线的上、下方位景物的形状和痕迹，不让目光因景物在线的上、下部分相对移动而分神；随着时间的推移，注意力的集聚，圆线将由宽变窄，由粗变细，由清楚而变得模糊，直到最后消失，四周所有景物也就在眼前渐渐化为乌有。

方略二：无论在什么地点练八卦走转，确立走转的核心圆圈之后，以四周的能见物为第一外围圈，再想象不可见的第二圈、第三圈……无限辐射放大出去，总有一圈全是海天一色的景象。心里有了这个数，立了这番意，视线自然伸长放远，胸怀自然开阔，情绪自然稳定。走转过程中，着意把心生的大海蓝天景象叠加在眼见的错综物象之上，随着时间的推移，移象的生效，眼见的东西会愈来愈淡漠，心生的东西会愈来愈清晰，恍惚感觉开始萌生，混沌状态开始显现，有的人甚至会产生眼前只见一片光芒而不见他物的效应。

以上两点，可以单独使用，可以结合使用，也可以交替使用，“不以规矩，不离规矩”，方法各异，殊途同归，目的就是攀达“无”的至高境界。但须说明，“无”的内涵是“一”，并非什么都没有。“一”是自然数列开头的数字，它的身后有着无穷无尽的序数，因而它也代表着无极无限的能量。可见，透过眼前障碍物，也在它的能量序列之内。当然，这是指它推进的前景，如果后退一步，毫无疑问，那就是“零”。因此，值得我们倾毕生精力追求的东西，同样值得我们倾毕生精力为之谋求“只能前进不能后退”的载体，这个载体就是“恒”。“恒”是宇宙的规律，“恒”是无极的价值体现。“一”失“恒”而不再，“无”因“恒”

而永存。

五

生活经验告诉我们，人们经常有意或无意地重复着同一件事情，往往容易养成某种习惯；车轮发轫启动之后，很快便产生递增式惯性。坏的习惯是个害，好的习惯是个宝；用不好惯性能出祸，用好了惯性能造福。我们何不把人和车特具的两条好处拣出来为我所用，为“恒”所用呢？

比方说，想练专心一意，要学会摒弃身边一切动静，这本身就是“学道”，在学而能“行道”的过程中，就要坚持做到一次不行就再来，二次不行还有三次、四次、五次……“不是今天过去了就扔掉，不是明天刚刚来临就过时”（铁老语），而是要坚持不懈地把它纳入“生活化”的轨道。一旦“进入角色”，还要继续发挥惯性的助推作用，克服自身残存的原始惰性，使之不停顿、不出轨，进入良性循环，在全程的生活活动中积水成川，聚沙成丘，把良好的习惯再化为可贵的后天秉性，完成质的飞跃。动脑筋，悟真谛，下功夫，上台阶。上到一定程度，才会明白“后天秉性”是怎么一回事：

无论大事小情，一旦秉性使然，便如同一日三餐，不假思索也不会把食物投进鼻孔、眼睛或耳朵。事情变得那么简单、那么自然，只要一做就是“这个”，“发而皆中节”。到了这个份上，再用铁老的“健康之道和智慧之道的混元体”之说来衡量自己身心修养的层次，才是有根有据的，才能让悟出的道经得起事实的检验。

研习《八卦走转行功歌》，走的是一条从必然到自由的探索之路，铁老给了所有探索者以路标和指南。到底谁能摘取“祛病延年微渺果”，谁能达到“明心见性智慧融”，只能取决于探索者的自由自觉程度了。师父领进门，修行在个人。

六

品味、吸纳铁恩方老先生的《八卦走转行功歌》，在艺术上也能获得高级的精神享受。但作为八卦走转的习练者，价值取向当然不在艺术欣赏上。《八卦走转行功歌》是诗、是歌，但更是哲学与科学的“混元体”。

传统的艺术欣赏大致分三品：茶品为上，烟品为中，酒品为下。而铁老的歌诀却专供一品，也是最高级的品法，叫作“走品”，即在走转中细细品味，在品味中缓缓走转，此间无论字面跃出的要领，还是纸背透出的内涵，都如同春风化雨，点点滴滴润入心田，不知不觉中便领悟了许多金贵的道理。有幸深入其中者自会明白，习练八卦走转非但不觉单调，反而其乐融融，走的品位之高难以言传。

走，人之天性本能，走起来不陌生，不刻板；法无定法，体弱者可以少走，身强者可以多走，而走出的结果是，弱者变强，强者更强。千百年来，世上还没有哪一种法门比走更贴近“以人为本”，更具备“身心修养”的先天优势，故，铁老开宗明义：“走当先。”

当然，历来含走的功法不在少数。但区别在于走什么？怎么走？铁老这里开出的是走八卦。

什么是八卦？八卦，用一句话来概括，就是天地间的万事万物及其固有规律，宇宙法则。大自然的有机界也好，无机界也罢，不管是有生命的，还是无生命的，均不约而同地依照统一的宇宙法则，走着“圆形复归”的“道”。

怎么走呢？“里直外扣”，以八卦走转行“四正四隅”，全方全位；“双臂环抱”，以纵横经纬揽“三才浩气”，无一缺失。

这样，手脚上下都贴着圆形轨迹运转，整个身心融入无限宇宙循环。

圆形是不分始终的，周而复始，取其任意一点，起点也是终点，终点也是起点，是有始有终，也是无始无终，“无限循环”的规律因圆而成行；圆形是没有缺口的，无论你走在它行程的哪一个点上，其力都是向心的，其度都是均等的，它产生的能量法则永远是聚合与均衡。而循环与无限、聚合与均衡正是元气特有的属性。元气者，元精之母；元精者，构成人的先天功能。人的先天功能与元气相连，才是有源之水，有本之木。

元气学说认为，自然界万物都是由元气构成的；元气无形，是一种无限循环的微粒子运动形式，人眼觉察不到，但又充满宇宙太空；元气处于不停的运动之中，它的阴阳两性矛盾冲突生成万物，而万物的聚集离散又产生取之不尽用之不竭的元气。八卦走转直指本源，要的就是人的元精与无所不在的元气相结合。

为了更加完善这一本源性的结合，铁老进一步要求“左转右兮右转左”，左右交替走转，环环相扣，相反相成，“反者道之动”（《老子》），是正、反、集、合的辩证关系，是万物生成的原动力，八卦的这种走法不是恰好与生命的原动力同步相伴吗？所以，歌诀承上启下地强调“阴阳变化自然中”。

这里的“自然”二字，确切地说，并不单指走转步法的松缓自如，不出拙力，它本质上是指不违背阴阳变化的客观规律，不掺入任何人为因素，不添加任何与本源无关的花架子，走转到一定程度，连“抬脚为阳，落脚为阴”的暗示都不去惦记，连“阴阳相冲而得中和之气”的变化过程都不去分辨，只管顺其自然。

高层次的静功讲究“坐忘”，所谓“堕肢体，黜聪明，离形去知，同于大通”，要求“头空、心静、身松”，做到“离形心忘”。同理，八卦走转越往高处走越要讲究“走忘”，即“应将有相能无相”，从有为到无为，做到“中正安舒和定意”，身心平静如水，浑然物我两忘，则“息不调自调，气不练自练”，不期而遇，不求而得。与“坐忘”有所不同的是，“走忘”不是倡导“堕肢体”，而是坚持“勤走转”。修养层次的高低是与“走忘”程度的深浅相对应的。走，不啻是八卦走转的生命线。如果把“走忘”倒过来而变成“忘走”，那么“道悟德培妙峰登”的美好境界也就变得可望而不可即了。

七

作为程式八卦掌第五代传人的铁老，从 15 岁开始修炼，已经走了 76 个春秋（现年 91 岁），造诣之深，层次之高，众望所归，如今仍然走转不止。我们江苏徐州，古称彭城，得名于本土先人彭祖，《庄子·逍遥游》记载他活了七八百年，为仙道之列，高寿之冠。他的练功磐石状如寿星，石高须仰视可观，足印呈八卦之阵，迄今仍屹立于徐州云龙湖畔，石基上刻有后人传颂他练功不止的经历。

说到彭祖练功的态度和襟怀，那就不是十年如一日，百年如一日了，而是“千载一瞬伴日月，一瞬千载朗乾坤”。说到持久练功的必要性，南宗三祖之一的张伯端更是言之切切：“人人本有长生药，自是迷徒枉罢抛”，“大药不求争得遇，遇之不炼是愚痴”。

彭祖的练功经历，使一代又一代传递着徐州人善于练功养生的习俗。去岁秋日，经蓝晟老师的传授，铁老的八卦走转又给徐州的传统养生方法注入了新鲜血液。现在的徐州，古彭广场、九里山麓、云龙湖畔、凤凰山巅，习练八卦走转的身影越来越多。其中有一位中国矿业大学文法学院的王教授，练此功不到一年，走好了困扰他多年的脉管炎、心脏病，原来自认“蔫蔫凋敝”的他，如今精神矍铄，自称“六十花甲又逢春”，前后判若两人，成为全校有名的“走转迷”。要问迷到什么程度？用他的话来说：“有空必走，没空也走。”

此话怎讲？“有空”指一早一晚定时定点地走；“没空”指搞课题、做论文的时候，每遇“断线”或“打结”，他就习惯性地撂下手中笔，在近旁找块地方走转起来。走着走着，那线就自然连上了，那结就自然解开了，每次都是一走就灵，脑子里还不时地冒出些新思路、新灵感，让他喜出望外，如获至宝。当然，讲课的时候不能撂下学生就走，但在讲课中间，他总是不失时机地把他视为“探宝图”的《八卦走转行功歌》抖搂出来，并且告诉同学们：“走转能治病，走转出灵感，你若不相信，跟我走走看。”

果然，矿大校园跟他“走走看”的“徒众”日增。有些走好病、走出灵感的师生敦促他搞个“《八卦走转行功歌》专题讲座”，他婉言谢绝了。他说：“现在还不行。因为《八卦走转行功歌》深不可测，我只是知道了其中的ABC，你们要想知道更多的东西，还得到北京去请教铁老。不过有一点是确定无疑的：走转能健身，走转能养性，走转能开发智慧，启迪灵感。这已在我们身上得到反复验证。只要不忘走，‘明心见性智慧融’的妙峰并非可望而不可即。”

八卦走转：融炼身心的艺术

文 / 彭　鑫[①]

一

八卦走转的方法看似简单，但我刚刚接触时却颇费气力。因开始时过分注意步法的里直外扣、身法的中正、眼神的凝视等，严格按照《八卦掌健身研修心得》前八句的方法和要求去走，于是走得煞有介事，表情凝重，生怕哪个动作不合要求，甚至算准每一步落下的方位与角度后才迈脚，此时内心紧张而执着，造成动作刻板而机械，不但没有收到良好的效果，反而越走越别扭，甚至东倒西歪，本来平整的地面，我走起来却感觉高低起伏，身体僵紧不适。

这样走了两天后，反省自身，发现了问题所在——这是犯了知识分子的通病：把天下任何事都当作学术来对待，严谨而专注。但是，在八卦走转的练习中，过分的严谨结果往往适得其反。于是我调整了策略，按照铁老所讲的“走转就像三四岁的小孩绕妈妈转圈一样，天真无邪，完全自然”的方略去走。

---

① 作者撰写本文时，为北京中医药大学博士研究生，现为知名中医、养生专家。

二

在其后的走转练习中，按照“三分转七分遛”的要领，放松地走；在放松身心的走转中，慢慢调整身法、步法、眼法，于是，正确的姿势不期然而自至，我很快便掌握了要领。

在走转中，我体会最深的一句歌诀便是“上下与中平三盘”。我的体验是身之三盘平转，就如一个大磨盘绕中轴旋转，而身体本身又在自转，此时有一种涡旋机发动的感觉，好像全身浸在气中；而通过走转，气的涡旋带动身体转动，使得全身内外气脉均平调匀，达到平衡状态。当此之时，浑身不用力而自行转动，好像理想状态中的陀螺旋转起来后将其摩擦力撤掉，它将无任何阻滞地旋转下去。通俗点说即是：非常轻松，一点劲儿都不使。

三

在掌握要领后的两个星期里，我每天走转一到两个小时，每次走完（甚至走到一半时），一个强烈感受就是赶紧去卫生间，排出的粪便色黑味臭，此后一身轻松，有一种净化身体的感觉。

这段时期过去后，每次练习中身体都感觉松软温和，内心体会到宁静祥和，练完之后，读书、工作效率倍增。

四

在走转之初，我掌握了“放松遛弯”的要领后，身心放下，如铁老所说“放开步伐，脚绕这个圈”。不知不觉当中，内心变得安静下来，本来充满了杂念的大脑，渐渐得到了很好的休息和安歇。在这个过程当中，眼神不知不觉地凝住，对外面世界的触受渐渐淡化，耳根对外缘的索求亦同时安歇下来。因笔者通常在家中练习，而窗外恰为喧闹的马路、城铁，汽车的鸣笛、火车通过时压轨的声音，初时不绝于耳，颇为扰心，然而在走转的过程中，随着心灵和身体的逐渐放松，这些声音渐渐淡化，实则为声音对内心的扰动慢慢变弱，进而内心对于外在触受的攀缘与执着渐渐放开，出现类似“内不动心，外不着相”的定境，此时方悟到色、声（包括香、味、触）等外触皆为内应于心而起的作用。

而内心的放下，如铁老所讲的“放松身心”的要领，恰恰抓住了根本。放松便是放下、放开，而只有放松，内心才会从烦恼和杂念中解脱，身体才会从紧张和僵硬中释放。身与心原本互相影响，内心的执着与紧张（心结）必会导致身体的僵紧，气脉的不通（气结）；反之，气结也会导致心结。笔者从医学的角度也有这种体会，如中医所说的“痛证”，按中医理论解释为“痛则不通”，是由于气脉的不通畅所致。此类病人通常表情为眉头紧锁，内心郁闷，遇事容易恼怒，这便是身体影响心理，气结导致心结。反过来，如果心情长期压抑、烦闷，则极易导致胸胁胀痛、胸闷气短等肝郁气滞的表现，发展下去，女子会出现乳房肿痛、月经不调等妇科疾病，男子则易出现肝脾两伤、头晕耳鸣等疾病。由此可知，身和心是互相影响，互相作用的，所谓“心物一元，身心不二”。

五

八卦走转，使身心同时调整，是将两者融炼合一的艺术。其初级要求是放松身心，身体只有放松了，气脉才能通畅。打个比方，如果把一个车轮离地架空起来，放松刹车，这时车轮不着于地，也不着于他物，只需轻轻一拨，即能灵活运转，轻快无滞；倘使内用刹车掣住，外有砖物挡住，欲其转动则非常之难。身体的内气流动就如车轮，而内心的执着则如刹车，只有身体放松，内心执着放下，气脉运行才能通畅，身体才能健康，内气才能充实。就如铁老所说："八卦走转健身法不但使内气不消耗了，反而会滋生。"亦如道家言"嗜欲深者，其天机浅"（《庄子》）所反证的道理一样，只有将嗜欲（外在物欲：眼、耳、鼻、舌、身、意对外的贪求）放下，天机才能发动，即由后天返先天，此时自然而然进入宁静祥和的境界。而身体安和，内心祥和充实，外在的表现自然是"慈、悲、喜、舍"，遵循铁老的"中、空、涵"的要领，自然而然地便会进入这种高度的圆明境界。

相反，内心越执着、紧张，气脉就越运行不畅，就像刹车捏得越紧，车轮转动所受的阻力就越大，如果这样，便如铁老所讲的"不是养生，而是伤生了"。而内心执着，无非是对物欲的贪求，其外在表现为自私、自利、损人利己。所以八卦走转要想练好，自私、自利、损人利己之心必须放下，做到如铁老所讲的"不求名、不求利、不显耀自己"，做一个朴实善良的好人，在此基础上逐渐修养，从而达到"我爱人人，人人爱我"的境界，亦如《大学》所讲的"明德，亲民，止于至善"。

六

为说明问题，笔者将身、心分开论述，而在真正的修习中，二者是不可分离、不可偏废的。只有身心合一的融炼，才能达到"明心见性智慧融"的境界。

随着八卦走转的练习，身心放松后，自然会感到身体和内心特别的柔软而温和，性格也变得柔顺而就下，好像不会生气了；同时，反省自己，无论做人做事，都有很多地方存在缺陷，参照圣贤经典，可主动去修正，从而对自己的生命质量有所提升。

八卦走转的特点是形、气、神三者合练，而不是分开的。其中关键要点，笔者认为，是“松静”二字。神松静，便会淡泊、放下；身松静，便会中正、安舒；气松静，便会流畅而充实；三者同时松静，便会进入自然、本然、本来如是的境界。按道家的理法，后天自然湮灭而烘托出先天；按佛家说法则为去掉妄想执着，显露如来智慧德相的“应无所住，而生其心”之过程；按儒家《大学》中所言：“静而后能安，安而后能虑，虑而后能得。”此处的“得”即为佛家所讲的本性；理学家们所讲的“良知、良能”；“戒、定、慧”中所开之“慧”。正如铁老所讲的：“走这个圈要理法并重，理只有炼神导气才能明心见性，不炼神导气不可能明心见性。”当代禅宗大师南怀瑾也曾经说过：“假使我们这个色身没有转化而想修持得定是决不可能的。”（《金刚经说什么》）

七

写至此处，笔者不由得联想到禅宗著名的公案：当年世尊在灵山会上拈花示众，是时众皆寂然，唯有迦叶尊者破颜微笑，以心印心，由此世尊传出“正法眼藏，涅槃妙心，实相无相，微妙法门”的禅宗法门。何以佛陀十大弟子中唯有迦叶尊者与佛心相应？此处所表之法意，恰为修行第一的迦叶尊者在色身的转化境地上能与佛之妙心相合，这种踏踏实实修证的境地，是那些仅在理论层面上谈玄说妙者所望尘莫及的，境界阻隔，相差千里。

因此，八卦走转健身法将身心融而为一，同时炼化，不啻为修行身心的无上妙法。近之，可以强身健体；远之，可以修身养性，悟元达道，从而承始承终地完成整个生命的炼化过程。恰如八卦掌第二代传人程廷华先生所言：“此道修之于身心，可以独善其身而兼济天下，身之所行孝悌忠信，行动不离圣贤之道，心中不离仙佛之门。不知道这个，不足以言练八卦掌，不如此也不能得八卦道之真谛。”

后　记

《中华武术》杂志2013年第4期刊登了张杰先生撰写的《七律·咏北京南城八卦掌十八首》一文。

作为八卦掌第五代门生——文武双修之大德，也是当代八卦掌界北京最长寿的一位传人——铁恩方先生，也列入其中。张杰先生撰写的《七律·咏铁恩方》及注释原文如下：

五代名宿铁恩方，志坚行端非寻常；
早年蒙冤贬漠北，晚年侥幸归帝乡。
三盘旋转七十载，五教贯通九旬长；
寿登百岁思维清，名列十佳耄耋榜。

铁恩方（1912—2011），八卦掌第五代名宿。1935年拜刘世魁为师，终生练功不辍，凡七十余载。九十余年里，兼收并蓄儒、释、道以及伊斯兰教、基督教诸文化之长，并利用深厚的文化底蕴对八卦掌理论进行了深入研究，颇有创见。20世纪50年代蒙冤远赴大西北。70年代末重返北京，在东单公园教授八卦掌，造福一方，门人甚多。曾当选全国十佳老人。2011年以百岁高龄无疾而终。①

七律诗写得很有味道，基本上能概括铁老平凡而充实的一生。不过，蒙冤到大西北，不确也——抗日战争后期及解放战争期间，铁老在西北道院入了道，修习《太乙北极真经》和《复初还灵化劫经》等经典，专心修炼无极静坐、八卦掌，行外慈内修

① 铁老证件上写的出生年份为1914年，与实际有出入，此处年纪为传统计算法，按虚岁记。

之担当和精进，并捐资（也有其他人捐资）创办了宁夏万慈学校，新中国成立后任校长。20世纪50年代公私合营时，将此学校移交给当地政府，铁老始返回北京，任夜校政治教员。

铁老1957年被打成“右派”后，主要在八达岭、北京及天津之间种树、修运河，后被安排在北京市化工局下属的企业工作。由于是“右派”，只能老老实实地劳动改造，没资格进北京八大处工人疗养院疗养——铁老以八卦掌为养护身心的法宝，每日专心修炼两小时以上，从无间断，取得了很好的身心修养之效果。

2013年年底，是铁老诞辰100周年的日子，本人以此书回向铁老教授八卦走转（八卦掌的基本功，铁老化武功为身心修养的入道之门径）之功德。

需要说明的是，本人自2001年开始，受教于铁老，但依八卦掌道统规矩，两年后，本人在铁老的指定下拜铁老大徒弟张振华为师，因此，作为八卦掌一门的统绪来说，本人为八卦掌第七代门生。

本人正在整理铁恩方先生当年给本人及师兄、师弟等讲授中华文化和八卦走转的讲记，因此，本书仅为抛砖引玉之作，期望有一天铁老的讲记能够问世，以造福更多的人，从而为中华文化复兴尽些绵薄之力——口耳相传的国故道统的精粹（六经注我）能不绝如缕。

在实现中国梦的道路上，祈愿民间大德的智慧之光能照亮更多的中国人。

在世界一体化的进程中，祈愿中华文化和八卦走转能帮助世界各个族群的人们。

蓝　晟

2013年4月15日

写于智勇文化学院